나와 똑같은 고민을 가진 친구들의 진짜 마음속 이야기

어린이 고민 상담소

글 김건 · 그림 구희

FiKA Junior

차례

작가의 말   4

1장 | 친구 관계: 같이 놀고 싶고, 친해지고 싶어!

① 친구들끼리 의견이 안 맞아 같이 못 놀게 됐을 때 속상해   8
② 친구와의 약속, 취소하고 싶은데 말하기 어려워   10
③ 맨날 가는 친구 말고, 오늘은 다른 친구랑 같이 등교하고 싶어!   12
④ 친구랑 별것도 아닌 일로 다퉜는데, 어떻게 화해할까?   14
⑤ 모두랑 친하게 지내고 싶어! 어떻게 하면 친해질 수 있을까?   16
⑥ 친한 친구랑 싸웠어. 다시 예전처럼 친해지고 싶어   18
⑦ 친구랑 말다툼이 생겼을 때, 현명하게 대처하는 방법은?   20
⑧ 친구랑 다퉜는데, 내가 사과해도 친구가 안 받아 줘   22
⑨ 친구가 내 물건을 자꾸 만져서 불편해!   24
⑩ 친구가 약속을 자꾸 안 지켜서 고민이야   26
⑪ 친구에게 상처 안 주고 좋은 말로 조언해 줄 수 있을까?   28
⑫ 나는 가만히 있는데 친구가 자꾸 장난치고 괴롭혀   30
⑬ 친구들이 자기들끼리만 놀자고 할 때 소외감이 들어   32
⑭ 힘이 약하다고 친구들에게 놀림을 받아   34

2장 | 학교생활: 정말 만만치 않네!

① 수업 시간에 자꾸 딴생각이 나! 집중이 안 돼   38
② 공부할 게 너무 많아서 머리가 터질 것 같아   40
③ 발표만 하면 얼굴이 빨개지고 부끄러워   42
④ 학교생활은 왜 이렇게 어렵고 힘들까?   44
⑤ 준비물이나 숙제를 깜빡하고 못 가져왔을 때 어떻게 하지?   46
⑥ 선생님 마음그래프가 떨어질까 봐 눈치 보게 돼   48
⑦ 학교 올 때 실내화를 집에 두고 왔어   50
⑧ 내가 안 좋아하는 친구랑 짝이 되었을 때, 어떻게 해야 할까?   52

3장 | 공부: 잘하고 싶은데 쉽지가 않네!

① 내 생각을 글로 쓰는 게 너무 어려워 ··· 56
② 공부는 왜 이렇게 어려운 걸까? ··· 58
③ 수학만 보면 머리가 지끈지끈! ··· 60
④ 시험 보는 시간이 너무 떨리고 괴로워 ··· 62
⑤ 글씨를 예쁘고 바르게 쓰고 싶어 ··· 64
⑥ 받아쓰기 연습이 어려워 ··· 66

4장 | 감정: 내 마음을 들여다보는 시간!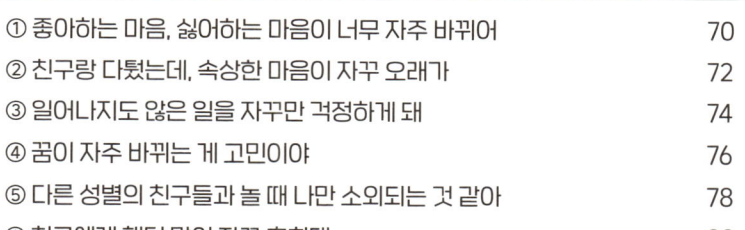

① 좋아하는 마음, 싫어하는 마음이 너무 자주 바뀌어 ··· 70
② 친구랑 다퉜는데, 속상한 마음이 자꾸 오래가 ··· 72
③ 일어나지도 않은 일을 자꾸만 걱정하게 돼 ··· 74
④ 꿈이 자주 바뀌는 게 고민이야 ··· 76
⑤ 다른 성별의 친구들과 놀 때 나만 소외되는 것 같아 ··· 78
⑥ 친구에게 했던 말이 자꾸 후회돼 ··· 80

5장 | 삶: 일상 속에서도 고민은 계속돼!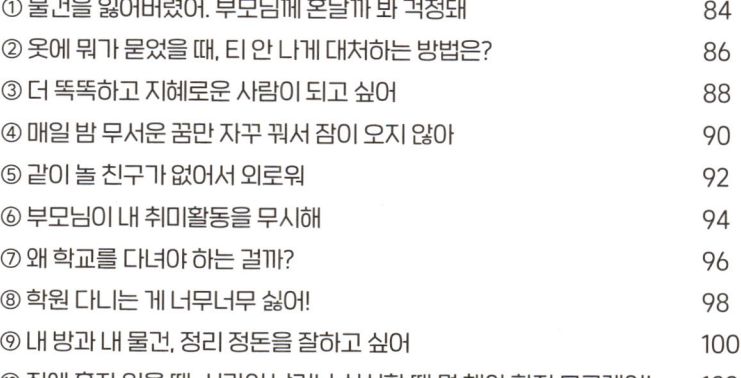

① 물건을 잃어버렸어. 부모님께 혼날까 봐 걱정돼 ··· 84
② 옷에 뭐가 묻었을 때, 티 안 나게 대처하는 방법은? ··· 86
③ 더 똑똑하고 지혜로운 사람이 되고 싶어 ··· 88
④ 매일 밤 무서운 꿈만 자꾸 꿔서 잠이 오지 않아 ··· 90
⑤ 같이 놀 친구가 없어서 외로워 ··· 92
⑥ 부모님이 내 취미활동을 무시해 ··· 94
⑦ 왜 학교를 다녀야 하는 걸까? ··· 96
⑧ 학원 다니는 게 너무너무 싫어! ··· 98
⑨ 내 방과 내 물건, 정리 정돈을 잘하고 싶어 ··· 100
⑩ 집에 혼자 있을 때, 시간이 남거나 심심할 때 뭘 해야 할지 모르겠어! ··· 102

작가의 말

 지금, 고민이 있나요? 집에서, 학교에서, 학원에서, 또 친한 친구들 사이에서……
문득문득 고민과 걱정이 솟아날 때가 많죠? 선생님도, 선생님 부모님도 그리고 이전에
선생님과 함께했던 제자들도 모두 자기만의 고민이 있었답니다. 이 고민들을 어떻게
해야 할까, 고민에 대한 고민이 꼬리에 꼬리를 물고 생겨났죠.

 선생님도 시간이 흘러 어른이 된 지금, 초등학생 때 어떤 고민이 있었는지
가물가물해졌어요. 하지만! 지금 이 책을 읽고 있는 여러분의 고민이 '작은 고민이다'
라는 뜻은 절대 아니에요. 그때는 그 고민이 정말 크게 느껴졌다는 걸 선생님은 아주
잘 알고 있답니다.

 선생님이 된 후, 반 아이들과 이야기를 나누다 보니 저마다 가볍거나, 혹은 쉽게
말하기 어려운 깊은 고민들이 참 많더라고요. 선생님으로서 알려 줄 수 있는 해결책도
있지만, 또래 친구들은 이 고민에 대해 어떻게 이야기해 줄지 정말 궁금했어요. 어쩌면
선생님보다 더 좋은 해결 방법을 알고 있을 수도 있으니까요!

 그래서 오랜 시간 동안 다양한 친구들의 고민을 모았고, 그
고민에 대한 친구들 스스로의 해결 방법도 함께 모았어요.

이 책은 바로 여러분과 똑같은 나이의 친구들이 겪었던 고민과 해결책을 담아 둔 거예요. 친구들이 직접 자기 고민을 적고, 다른 친구들이 직접 해결책을 적어 줬어요. 그리고 고민을 털어놓은 친구가 자신에게 가장 도움이 된 해결책을 골랐고, 선생님도 선생님의 입장에서 도움이 될 것 같은 해결책을 뽑아 봤답니다. 그때 나눈 말들을 선생님의 한마디로 정리해 뒀으니 꼭 참고해 봐요!

　이 책에서 지금 여러분이 하는 고민의 답을 찾기를 바라요. 물론, 세상의 고민은 아주 다양해서 내가 찾던 고민이 없을 수도 있죠. 그럴 땐 딱 한 가지만 기억해 주세요. 가장 가까운 사람들에게 먼저 고민을 이야기해 봐요. 그리고 무엇보다 여러분의 마음에 귀 기울여 보세요. 우리가 생각하는 모든 고민은 시간이 지나면 별것 아닌 것이 될 테니까, 너무 오랫동안 혼자 마음에 담아 두지는 말고요!

　자, 그럼 이제 나의 고민을 해결할 방법을 찾아서 신나는 여행을 떠나 볼까요?

- 김 건

1

친구 관계
같이 놀고 싶고, 친해지고 싶어!

01 친구들끼리 의견이 안 맞아 같이 못 놀게 됐을 때 속상해

친한 친구들이 놀고 싶은 게 달라서 요즘 같이 못 놀게 됐어. 수진이는 공기놀이를, 은지는 술래잡기를 하자고 다투다가 결국 따로 놀게 돼. 누구 한 명 편을 들면 다른 친구가 삐치거나 서운해할까 봐 걱정이야. 이럴 때 어떻게 해야 할까?

서로 의견이 다르면 가위바위보로 먼저 정하고, 진 사람도 다음에 할 수 있게 하자.
ㅡ수앙

서로 양보해서 의견을 하나로 모으자.
ㅡ멍멍이

아예 그 게임을 안 하는 것도 방법이지.
ㅡ박동수영

친구랑 얘기가 잘 안 되면 선생님께 방법을 물어보자.
ㅡ김사랑

친구 입장에서 생각해 보는 건 어때? 친구가 어떤 생각과 감정을 가지고 있는지 짐작해 보고, 그걸 말해 보면 관계가 더 좋아질 수 있어.
ㅡ배우자교실

사람이 많으면 하고 싶은 사람끼리 짝을 짓거나, 한 명씩 따로 하는 방법도 있어.
ㅡ우서윤

사연자의 선택: '배우자교실'

선택한 이유: 고민에 대한 해결 방법을 가장 자세하게 적어 줬어. 그것만으로도 위로가 많이 돼.

선생님의 한마디: 친구와 친하게 지내다 보면 의견 차이로 갈등이 생기죠. 보드게임이나 놀이를 할 때 규칙이나 방식이 달라서 싸우기도 하고요. 좋은 관계를 유지하면서 갈등을 해결하려면 어떻게 해야 할까요? 선생님은 우서윤 친구의 조언처럼 꼭 '개인전'이나 '팀'처럼 고정된 생각을 버리는 것이 중요하다고 생각해요. 예를 들어 보드게임에서 팀으로 놀고 싶은 친구는 함께 팀을 만들고, 혼자 하고 싶은 친구는 혼자 팀이 되어 다 같이 즐길 수도 있죠. 이렇게 하면 짝을 원하는 친구도, 혼자 하고 싶은 친구도 모두 만족할 수 있어요. 결국 중요한 건 '어떻게 해야 친구와 즐겁게 시간을 보낼 수 있을까?'에 집중하는 거예요.

02 친구와의 약속, 취소하고 싶은데 말하기 어려워

나는 약속 취소하는 게 너무 힘들어. 이번 주 토요일에 지영이랑 영화 보기로 했는데, 같은 날 이모가 오랜만에 온대서 만나고 싶어. 근데 지영이한테 미루자고 말하기가 너무 어렵고 혹시 실망하면 어쩌지, 나를 나쁜 친구라고 생각하면 어떡하지 이런 생각이 계속 들어. 나처럼 약속 취소하자고 말하기 힘든 사람들은 어떻게 하는 걸까?

친구에게 지금 준비했는지 물어보고, 안 했다면 오늘은 못 놀겠다고 말해.
—민소울

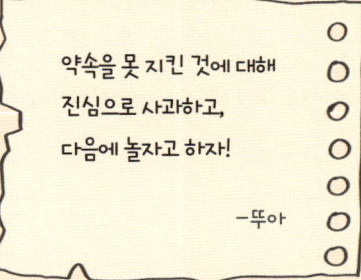

약속을 못 지킨 것에 대해 진심으로 사과하고, 다음에 놀자고 하자!
—뚜아

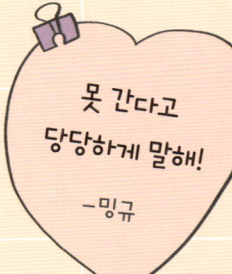

못 간다고 당당하게 말해!
—밍규

"약속을 취소해서 미안해. 다음에 놀자!"라고 말한 뒤, 나중에 만나면 "기분 괜찮아?"라고 물어봐!
—사라앙

앞으로 약속 잡기 전에, 안 될 것 같으면 미리 친구에게 말해 두자.
—박수같은 영

약속 못 지킨 것에 대해 사과하고, 간단히 상황 설명해 줘. ('오늘 이모랑 약속이 생겼다')
—김치볶음밥

사연자의 선택: '민소울'

선택한 이유: 실제로 이런 일이 생겼을 때 가장 마음 편하게 할 수 있을 것 같은 조언이었다.

선생님의 한마디: 약속은 사람들 사이의 믿음이라 중요해요. 하지만 살다 보면 어쩔 수 없이 약속을 못 지킬 때도 있죠. 그럴 때는 이유가 뭐든 간에, 먼저 사과를 해야 친구의 서운함을 덜어 줄 수 있어요. 그다음 약속을 못 지키는 이유를 잘 설명해서 친구가 이해할 수 있게 도와주세요. 그리고 "다음에 꼭 놀자!"고 말하며 이번 약속을 다음번에 꼭 지키겠다고 약속하면 완벽해요! 선생님은 '미안함'과 '이유 설명' 그리고 '다음 약속'을 함께 전하는 친구들의 조언이 참 와닿았답니다.

03 맨날 가는 친구 말고, 오늘은 다른 친구랑 같이 등교하고 싶어!

난 1학년 때부터 소현이랑 매일 같이 등교했거든. 근데 요즘 새로 전학 온 지은이가 혼자 다니는 걸 보니 같이 가 주고 싶어져. 근데 그러면 소현이한테 미안하고, 배신자처럼 느끼면 어떡하나 걱정돼. 마음이 계속 복잡해. 어떻게 해야 할까?

그냥 혼자 가는 것도 방법이야.
―수앙

친구에게 먼저 상의해 봐.
"새로 전학 온 친구가 혼자라서 외로워 보여. 우리 같이 가자!"고 하면 어때?
―설이

셋이 같이 가면 자연스럽게 친해져.
―린이

친구에게 상냥하게 말해 봐.
"나 다른 친구랑도 가 보고 싶어!"
―재동이

오늘은 소현이, 내일은 지은이랑 번갈아 가면서 학교에 가 봐.
―김치볶음밥

사연자의 선택: '설이'

선택한 이유: 소현이도 지은이도 모두 기쁘게 등교할 수 있도록 용기를 낼 수 있을 것 같아서.

선생님의 한마디: 단짝과 친하게 지내는 건 좋지만, 여러분 나이 때는 새로운 친구를 사귀고 다양한 경험을 쌓는 것도 중요해요! 새 친구와 친해지고 싶다면 용기를 내 보세요. 물론 단짝에게 상처 주지 않도록 먼저 상의해야겠죠? 가장 좋은 방법은 셋이서 등교하는 거예요. 단짝에게 셋이 같이 가도 되는지 꼭 물어보아요. 셋이 어렵다면, 하루씩 번갈아 가며 두 친구와 등교해요. 여러분의 진심을 이야기하면, 좋은 친구는 분명 이해해 줄 거예요!

04 친구랑 별것도 아닌 일로 다퉜는데, 어떻게 화해할까?

요즘 서연이랑 자꾸 갈등이 생겨서 고민이야. 급식실에서 서연이가 내 김치찌개에 있던 두부를 집어 갔거든. 평소 같았으면 "너 두부 좋아하는 거 다 알지!" 하고 별일 아니게 넘어갔을 텐데, 그날따라 너무 화가 나서 소리를 질렀어. "너 왜 맨날 내 것만 가져가는데?" 서연이도 친구들도 당황한 표정이었고, 나도 내 목소리가 그렇게 클 줄 몰랐어. 사실 두부 때문에 화난 건 아니었어. 요즘 서연이가 은서랑만 다니고 청소 시간에도 둘이서만 깔깔거리며 웃는 게 속상했거든. 그날 이후로 서연이랑 더 어색해졌어. 서연이랑 예전처럼 잘 지내고 싶어.

> 갈등이 생기면 규칙을 정하고, 같은 일이 반복되지 않도록 해 보자.
> —KIA오리

> 친구에게 "네가 이렇게 하면 내가 어떨까? 네가 당하면 어떨까?"라고 말해 보고, 생각하게 한 뒤 화해해 보자.
> —우서

> 먼저 사과해.
> —귀여미

> 친구를 오해한 건 아닌지, 내가 잘못한 건 없는지 먼저 생각해 봐. 그리고 먼저 사과하면 친구도 사과할 거야.
> —배우자

> 친구가 계속 그러면 거리를 둬.
> —우서윤

사연자의 선택: '배우자'

선택한 이유: 먼저 상대방의 마음을 살피고 사과하는 방법이 제일 좋은 거 같아서.

선생님의 한마디: 우리는 살아가면서 부모님, 친구, 동생 등 다양한 사람과 갈등을 겪어요. 갈등은 자연스러운 거고, 슬기롭게 해결하는 게 중요해요. 친구와 갈등이 생기면 서로 어떤 부분 때문에 속상한지 정확히 알고 그 행동을 피하는 게 좋아요. 내가 친구를 속상하게 했다면 사과하면 되고요. 그래도 갈등이 계속된다면 잠시 거리를 두는 것도 방법이에요. 하지만 먼저 대화를 통해 서로의 마음을 풀고 조금 더 조심하면서 지내는 게 가장 좋아요.

05 모두랑 친하게 지내고 싶어! 어떻게 하면 친해질 수 있을까?

난 우리 반에서 조용한 편이야. 책 읽는 거랑 그림 그리는 걸 좋아해. 근데 혼자 있는 걸 좋아해서 그런 건 아니야. 그냥 친구들에게 어떻게 다가가야 할지 몰라서 그래. 쉬는 시간마다 반 친구들이 재밌게 노는 걸 보면 나도 끼고 싶어서 심장이 콩닥거려. 사실 나 재미있는 얘기 많거든? 근데 말하면 애들이 웃거나 이상하게 볼까 봐 그냥 마음속으로만 생각해. 넌 친구들이랑 어떻게 친해졌어?

모든 친구와 친하게 지내려면 스스로 노력해야 해.
—고사리

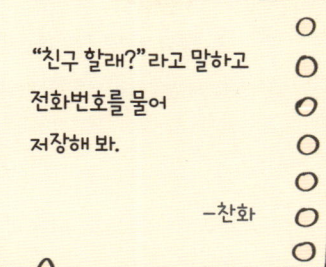

"친구 할래?"라고 말하고 전화번호를 물어 저장해 봐.
—찬화

작은 선물과 함께 반갑게 인사하거나, 먼저 "우리 친하게 지내자."라고 해 보자.
—롯데

친해지고 싶은 친구에게 먼저 가볍게 인사하고, 관심 있는 걸 물어봐. 바로 "친하게 지내자." 하면 당황할 수 있어. 대화를 이어 가면 친해질 수 있어.
—NEW JEAN

서로 아는 얘기(연예인, 게임, 영화, 캐릭터 등)를 하면 자연스럽게 친해질 수 있어.
—만그랑

사연자의 선택: 'NEW JEAN'

선택한 이유: 인사 정도는 부담스럽지 않아서 가볍게 실천하기 좋을 거 같아.

선생님의 한마디: 가벼운 인사와 공통 관심사를 찾는 것이 친구가 되는 가장 빠른 방법이에요. 좋아하는 캐릭터와 관련된 작은 선물을 주고받거나, 같은 관심사에 대해 이야기하면서 자연스럽게 친해질 수 있죠. 만날 때마다 밝게 인사하고 먼저 말을 거는 것도 좋아요. 선생님이 매달 친구들의 마음을 알아보는 설문을 돌려 보면 많은 친구가 먼저 말을 걸어 주길 기다리고 있다는 걸 알 수 있어요. 먼저 인사하고 공통 관심사로 가벼운 대화를 나누다 보면 쉽게 친해지고 오랜 우정으로 이어질 수 있답니다.

06 친한 친구랑 싸웠어. 다시 예전처럼 친해지고 싶어

요즘 절친 민준이랑 일주일째 말도 안 하고 지내. 얼마 전 민준이가 빌려준 장난감을 잃어버렸고, 화가 나서 "네가 책임져야지!"라고 말해 버렸거든. 그날 이후로 급식도 혼자 먹고 청소 시간에도 모르는 척하고, 체육 시간에도 따로 다니고 있어. 이렇게 계속 지내는 게 너무 힘들어. 다시 예전처럼 친해지고 싶은데······.

스스로 잘못한 게 뭔지 생각하고, 부담스럽다면 편지로 먼저 사과해 봐.
—아이브

잘못했으면 반성하고, 작은 선물로 마음을 전해 봐.
—고양이를 좋아하는 웹툰작가 지망생

상대방 입장을 생각하고, 먼저 용기 내서 사과하면 화해가 쉬워져.
—혜인좋아

친구에게 먼저 사과하고, 다음부터 안 그러겠다고 약속해. 속상한 마음도 풀어 주자.
—지민교실

카톡이나 이메일로 먼저 미안하다고 하고, 다음날 작은 선물도 준비해 봐.
—하울의 움직이는 성

사연자의 선택: '아이브'

선택한 이유: 편지로 사과한다는 것이 부담이 덜하고 도움이 되는 방법인 거 같아서.

선생님의 한마디: 싸우고 나서 다시 친해지고 싶다면, 일단 내가 잘못한 것이 무엇인지 아는 게 중요해요. 싸움의 원인은 상대방이나 나에게만 있는 건 아니에요. 서로가 서로에게 잘못한 것이 있기에 싸움이 생긴 거겠죠. 내가 잘못한 것을 친구에게 말해서 친구의 마음을 풀어 주고, 다시 친해지고 싶은 마음을 조심스럽게 전한다면 다시 좋은 친구 사이가 될 수 있을 거예요.

07 친구랑 말다툼이 생겼을 때, 현명하게 대처하는 방법은?

오늘 점심에 태민이랑 좀 다퉜어. 줄 서는데 태민이가 새치기해서 나도 모르게 "야, 줄 똑바로 서!"라고 했거든. 근데 태민이가 "네가 왜 참견이야?" 하면서 소리를 질렀어. 나도 화가 나서 "너도 지켜야지!"라고 했어. 근데 나중에 알고 보니 태민이 할머니가 많이 아프셔서 급히 조퇴하려던 거였대. 생각해 보니 마음도 몰라 주고 화부터 낸 게 좀 미안해. 태민이랑 어색하게 지낼 생각하니 속상하고 제일 친한 친구라서 마음도 무겁고……. 이렇게 다툰 후에는 어떻게 하면 잘 풀 수 있을까?

> 싸운 이유를 찾고, 조심하면서 이야기해 보자.
> —토네이도

> 친구 마음을 상하게 했다면 먼저 사과하고, 네 잘못이 없다면 친구가 불쾌했던 점을 솔직히 말해 봐.
> —코딩하는 황휴면

> 선생님께 도움을 요청해도 돼.
> —김수휴

> 말다툼이 생기면 먼저 상대방 입장을 생각해 보고, 내가 잘못한 부분을 사과해. 서로 규칙을 정해서 같은 갈등이 반복되지 않게 하고, 사이좋게 지내자.
> —KIA 오리

> 편지로 사과하고, 다시 친해지면 돼!
> —김밍솔

사연자의 선택: 'KIA 오리'

선택한 이유: 생각해 보니 내가 먼저 다정하게 말했으면 괜찮지 않았을까 싶어서.

선생님의 한마디: 살다 보면, 친구랑 싸울 때도 있어요. 다툼 자체가 나쁜 것은 아니에요. 다만 갈등과 다툼이 있고 난 다음에 그 갈등을 잘 해결하는 것이 중요해요. 싸우는 이유는 뭘까요? 나와 상대방의 생각이 서로 달라서겠죠. 그렇다면 어떤 부분에서 생각이 달랐는지, 앞으로 서로에게 어떻게 맞춰 나가면 좋을지가 중요할 거예요. 그러면서 더욱 가까운 사이가 되는 거고요.

08 친구랑 다퉜는데 내가 사과해도 친구가 안 받아 줘

얼마 전에 반장선거를 했어. 그때 내가 실수로 지후에게 상처 주는 말을 했어. 반장 후보로 나가고 싶어 하는 지후에게 내가 "네가 무슨……." 이런 식으로 무시했던 거 같아. 그 뒤로 지후가 나랑 말도 안 하고 다른 친구랑만 지내. 진짜 미안해서 사과하려고 했는데, 마음이 잘 안 전해지는 것 같아 속상해. 이렇게 어색하게 지내야 하는 걸까? 지후랑 다시 친해질 수 있을까?

친구에게 "어떤 점이 속상했어?"라고 물어보고 화해해 봐.
—스마일

먼저 사과하고, 친구가 받아 주지 않으면 마음이 풀릴 때까지 기다리자.
—KT우승가자!

먼저 내가 제대로 사과했는지 생각해 봐.
—KIA 오리

나중에 선물이나 손편지를 보내며 마음을 전해 봐.
—고양이님 성대모사 잘하는 사람 친구

사연자의 선택: 'KT우승가자!'

선택한 이유: 편지를 써서 줬는데 그 후에 친구가 날 찾아와서 해결했어!

선생님의 한마디: 친구에게 먼저 사과하려는 용기가 참 멋지네요. 기왕 용기를 보이기로 했으니 조금 더 넓은 마음을 가져 봐요. 사과를 받는 사람의 입장에서는 감정과 마음이 다독여질 시간이 필요해요. 시간을 좀 주고 기다렸다가 장난스럽지 않고 진지하게 사과하면서 앞으로 잘못된 행동이 반복되지 않도록 다짐해 준다면 그것으로 다시 좋은 사이가 될 수 있을 거예요. 힘내요!

09 친구가 내 물건을 자꾸 만져서 불편해!

우리 반 지훈이가 자꾸 내 물건을 막 만져서 너무 신경 쓰여. 새로 산 필통만 봐도 아침에 책상에 놓으면 쉬는 시간마다 와서 지퍼를 열었다 닫았다 하고 연필도 다 꺼내서 만지작거려. 처음엔 그냥 관심 있나 보다 했는데 이제 진짜 짜증 나. 어제는 내가 아끼는 캐릭터 지우개를 만지다가 떨어뜨렸는데 다른 친구가 밟아 버렸어. 근데 지훈이는 아무 일 없는 듯이 "미안~!" 하고 가 버리더라. 한두 번도 아니고 계속 이러니까 나도 화가 나. 어떻게 해야 할까?

물건은 사물함이나 서랍에 넣고 필요할 때만 꺼내 써.
—김밍구

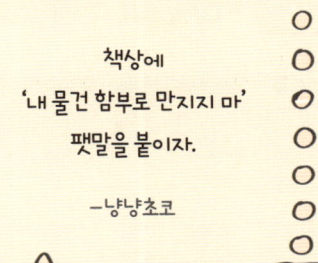

책상에 '내 물건 함부로 만지지 마' 팻말을 붙이자.
—냥냥초코

친구가 만지면 "만지지 마!"라고 분명히 말해.
—스마일

함부로 만지지 말라고 말한 뒤, 다른 사람 물건은 허락받고 사용해야 한다고 알려 줘.
—KT우승가자!

물건에 이름과 '허락받고 쓰기'라고 적어 두자.
—당연함이 아니라 고마움

친구에게 "이건 내 거야. 만지지 마."라고 단호하게 말해. 안 듣는다면 선생님이나 부모님께 알려.
—KIA오리

사연자의 선택: '당연함이 아니라 고마움'

선택한 이유: 직접 말하기는 좀 조심스럽기도 하고, 친구에게 말한다고 고쳐질까 싶어서.

선생님의 한마디: 선생님은 어린 시절에 필기구를 참 좋아했어요. 그러다 보니 누군가 선생님의 필통을 만지는 게 싫었죠. 허락 없이 만지고 연필 가져가고……. 그래서 항상 가방 안에 필통을 넣고 수업 시간에만 잠깐잠깐 꺼내 쓰거나 누군가 다가오면 필통을 서랍 속에 쓱 집어넣곤 했죠. 아마 지금 이런 고민을 하고 있다면 그 당시 선생님과 같은 마음이지 않을까 싶어요.

10 친구가 약속을 자꾸 안 지켜서 고민이야

요즘 속상한 일이 있어. 민지가 약속을 자꾸 안 지켜. 몇 주 전부터 토요일마다 민지랑 도서관 가서 책도 보고 숙제도 하기로 했는데 요즘 민지가 자꾸 약속을 어기더라고. 지난주에는 갑자기 "오늘은 언니랑 영화 보러 가야 해!" 하고 이번 주에는 내가 보낸 메신저도 안 읽고 그냥 안 나왔어. 나는 혼자 도서관에서 오래 기다렸는데……. 엄마는 "그럴 수도 있지~" 했지만 난 왜 이렇게 속상한지 모르겠어. 어떻게 해야 할까?

친구에게
"왜 약속을 안 지켰어?"라고
물어보고 이야기해 보자.
— 이하우 기아

약속을 지켜 달라고 말하고,
너도 안 지킨 적이 있는지
물어봐.
— 햄버거 최고

한 번 정도 친구가 약속을 어겨도 괜찮다고 마음먹고, 왜 그랬는지 생각한 뒤 "다음엔 지켜주면 좋겠어."라고 말해.
— 김치굿

다른 친구 때문에 못 지켰다면
"다음에 꼭 같이 놀자!"라고 말해.
— KT마법

"만약 내가 약속을 어기면 너는 어떡할 거야?"라고 물어봐.
— 내가 찜 KIA 짱오리

사연자의 선택: '김치굿'

선택한 이유: 나 역시 약속을 못 지킨 적도 있어서.

선생님의 한마디: 친구가 약속을 지키지 않아 속상한 마음이 들었겠어요. 이때는 친구에게 속상한 마음을 솔직하게 이야기해 보는 게 좋아요. 구체적으로 말하면 친구도 여러분의 마음을 잘 이해할 수 있을 거예요. 그리고 약속을 다시 정할 때는 서로 상황을 미리 알려 주기로 약속해요. 이렇게 하면 서로 속상하지 않으면서도 약속을 지키는 연습을 할 수 있어요.

11 친구에게 상처 안 주고 좋은 말로 조언해 줄 수 있을까?

나는 솔직하게 말하는 걸 좋아하는데 그 때문에 친구들이 상처를 받은 적이 있어. 지난주 하준이의 실내화를 보고 "어, 좀 웃긴데?"라고 말했더니 하준이가 기분이 상했었거든. 나중에 알고 보니 하준이가 부모님과 고른 소중한 실내화였대. 또 며칠 전에는 하영이 그림 보고 "아직 다 안 그렸나 보네."라고 했는데 하영이가 다 완성한 그림을 비웃었다고 오해한 것 같더라. 이런 일들을 겪고 나서 솔직하게 말하는 게 항상 좋은 것만은 아니라는 걸 느꼈어. 친구들의 기분을 상하게 하지 않으면서 솔직하게 말하는 방법이 궁금해.

꼭 필요한 말인지 확인해. 안 해도 될 말이면 잠시 멈추는 것도 용기 있는 행동!
—김민솜

친구에게 먼저 사과해 봐.
어려거나 떨리면
톡, 메시지, 손편지로 해도 좋아.
—감기가 더 심해진 KIA짱오리

내 생각을 '느낌'으로 표현해 봐.
예를 들어 "실내화가 웃기다." 대신
"내 눈에는 새롭게 느껴진다."라고 말해.
—이하우

친구에게
착하고 긍정적인
말을 해 보자.
—박siuu영

말하기 전에
상대 입장을 생각해 봐.
'내가 이 말을 들으면 기분이
어떨까?' 하고 5초만 생각하기.
—해피주인

사연자의 선택: '해피주인'

선택한 이유: 내가 들었을 때 기분 나쁠 것 같은 말이면 안 하는 게 좋겠다는 생각이 들어서.

선생님의 한마디: 말은 참 조심해야 해요. 글처럼 잘못 썼다고 지울 수 없거든요. 순간적인 감정이나 오해로 다른 사람에게 상처가 되는 말을 했는데 그것 때문에 후회하고 있다면 상대방의 입장에서 내 말을 생각해 볼 필요가 있어요. 우리는 모두 다른 환경 속에서 다른 경험을 하며 살아왔기에 내가 생각하고 표현하는 말을 상대방은 다르게 받아들일 수 있어요. 내가 어떤 마음으로 말했건 나의 말이 과하거나 다른 이에게 상처가 된 것 같다면 내가 한 말에 대해 사과하는 것이 필요하겠죠!

12 나는 가만히 있는데 친구가 자꾸 장난치고 괴롭혀

우리 반 재민이가 다른 친구의 머리카락을 잡아당기질 않나, 지우개를 던지거나 의자를 발로 차기도 하면서 날 괴롭혀. 수업 시간이나 쉬는 시간, 체육 시간에도 일부러 나를 치고 급식 시간에도 팔을 건드리며 장난을 치더라. 나는 재민이랑 친하지도 않고 잘못한 것도 없는데 왜 이러는지 모르겠어. 어떻게 해야 할까?

> 친구가 모르고 한 것일 수도 있으니 처음엔 넘어가고, 반복되면 선생님께 알리자.
> —빵다리

> 먼저 단호하게 "괴롭히지 마!"라고 말하고, 계속되면 선생님이나 부모님과 상담해.
> —하얀색 5개

> 친구에게 "그런 행동은 하지 말아 줘."라고 말해 봐. 그래도 반복되면 선생님께 말하자.
> —고사리

> 누군가 놀리면 마음속으로 '난 최고야!'라고 생각하고, 친구에게는 "놀리지 마. 난 내가 제일 잘 알아."라고 말해 봐.
> —KIA 짱오리

사연자의 선택: '하얀색 5개'

선택한 이유: 좀 더 강하고 진지하게 말해 볼 용기가 필요하다는 생각에 골랐다.

선생님의 한마디: 우리는 모두 소중한 존재예요. 누군가가 나를 자꾸 건드리는데 그게 원하지 않는 것이라면 단호하게 말할 필요가 있어요. 내가 다른 친구에게 피해를 주는 것이 아니라면 나를 자꾸 건드리는 친구에게 단호하게 하지 말라고 말해야 해요. 그런데도 나를 자꾸 건드리고 피해를 준다면 최대한 그 친구와 멀리하는 게 좋겠죠. 일단 나 자신이 제일 소중하니까요. 물론 주변에 도움을 요청하는 것도 당연해요!

13　친구들이 자기들끼리만 놀자고 할 때 소외감이 들어

나는 주로 지민이, 소연이랑 셋이서 놀지만, 며칠 전부터 소연이가 우리끼리만 놀자고 해서 다른 친구들과 못 놀게 돼 속상해. 지민이도 "우리는 이미 셋이서 놀기로 했어."라면서 내 의견을 말하기 어렵게 하고. 나는 둘이랑도 친하게 지내고 싶지만 다른 친구들과도 같이 놀고 싶거든. 어떻게 하면 좋을까?

> 취향이 비슷한 친구들을 먼저 찾아서 같이 놀아 봐.
> —보라냥이

> 다른 친구들과 놀다가 놀고 싶은 친구에게 다시 같이 놀자고 말해 보는 것도 좋아.
> —김짱구

> 놀고 싶은 친구가 다른 친구들과 논다면, 그 친구가 왜 그들을 좋아하는지 잘 관찰해 봐.
> —KIA짱오리

> 그 친구도 생각이 있을 거야. 너무 속상해하지 말고 다가가서 "우리 같이 놀자!" 또는 "나도 너랑 놀고 싶어."라고 말해 봐. 그러다 보면 자연스럽게 친해질 수 있어.
> —핌둥이
>
> 친구들의 의견도 듣고 새로운 친구들과도 놀아 보자.
> —이하운

> 그 무리에 있어야 한다면 "우리 다른 친구랑도 놀아 볼래?"라고 말하고, 싫으면 "그럼 나는 다른 친구랑 놀고 올게." 하면서 놀고 싶은 친구랑 놀면 돼.
> —짜라빠빠

사연자의 선택: '김짱구'

선택한 이유: 솔직하게 다른 친구들하고도 놀고 싶다고 얘기해 보고, 싫다고 하면 다른 친구들과도 노는 게 좋을 거 같아서.

선생님의 한마디: 지금 내가 친하게 지내는 친구들이랑도 처음엔 어색하게 시작했어요. 그러다 나도 모르게 절친한 친구가 된 거잖아요. 아직 다가가지 못한 친구들에게 내가 알지 못하는 매력이 있을 거예요. 다른 친구들이 보석처럼 숨겨진 낯선 친구들의 매력을 찾으려 하지 않는다면 내가 먼저 나서는 거죠! 그러다 보면 다른 친구들도 같이 관심을 가질 거예요.

14 힘이 약하다고 친구들에게 놀림을 받아

체육 시간에 우리 팀 친구들이 나한테 공을 한 번도 패스를 안 해 줘서 속상했어. "쟤는 힘도 없고 달리기도 못 하잖아!"라면서 다른 친구한테만 패스하더라고. 나는 축구도 좋아하고 혼자 연습도 하는데 힘이 약하다고 비교당하고 놀림을 받으니 속상해. 책상 나르기 같은 다른 일에서도 마찬가지야. 엄마는 "천천히 크면 돼."라고 하지만 지금은 힘들어. 어떻게 해야 할까?

운동보다 마음가짐이 더 중요해.
놀리는 애들한테 기분 나쁘다고
당당히 말해 봐.
— 스미스밍그

힘 세다고 다 좋은 건 아니야. 너만의 장점을
찾아서 보여 줘.
— 흙토끼

힘이 약한 건 네 잘못이 아니야.
운동을 꾸준히 하면 자신감이 생기고
친구들도 놀리지 않아. 포기하지 마!
— 리닝

힘센 친구랑 비교할 필요 없어.
좋아하는 운동 찾아 즐기면
체력도 자연스럽게 좋아져.
— 스마일라이언

매일 아침 스트레칭하고
줄넘기 열 개씩만 해.
욕심 내지 말고 꾸준히 하면
금방 좋아질 거야.
— 레고마스터

태권도 배우니까 힘도
생기고 자신감도 생겨.
놀림이 신경 안 쓰여.
너도 해 보면 어때?
— 마크하는사람

사연자의 선택: '레고마스터'

선택한 이유: 지금 당장 실천해 볼 수 있는 가장 좋은 조언이란 생각이 들어서.

선생님의 한마디: 힘이라는 건 꼭 몸에서만 나오는 건 아니에요. 마음의 힘이 몸의 힘보다 강력할 때가 많아요. 우리는 이걸 '의지'라고 불러요. 몸의 힘은 잘 먹고 열심히 운동하면 되지만 몸의 힘이 강한 친구들도 마음의 힘은 약한 경우가 많아요. 몸의 힘만 믿고 지내기 때문이죠. 내가 몸의 힘이 약한데 쉽게 강해지지 않는다면 마음의 힘을 기를 기회로 삼아 보아요. 다른 사람이 나에 대해 놀리고 무시해도 나 스스로 나를 좋은 사람이라고 생각하고 소중히 대하는 단단한 마음의 힘을 기를 기회로 말이죠!

2

학교생활
정말 만만치 않네!

01 수업 시간에 자꾸 딴생각이 나! 집중이 안 돼

요즘 수업 시간에 집중이 잘 안 돼. 칠판보다 창밖 나뭇잎이나 책상 위 지우개 가루만 보게 되고 오늘도 수학 시간에 선생님이 "민준이, 보고 있나요?" 하고 물어보셔서 깜짝 놀랐어. 공부하고 싶은데 자꾸 딴생각이 나서 속상해. 수업 시간에 집중하려면 어떻게 해야 할까?

미리 문제 풀지 말고 기다려.
TV나 칠판을 계속 보면
집중이 돼.
— 사랑

책상에
'집중'이라고
써 붙이고 필요할 때 봐.
— 린

선생님만
계속 바라봐.
— 신예순

심호흡하고 마음속으로 '나는 할 수 있다' 외치면서
2초간 책 보기.
— 서여닝

물 한 잔 마시고 하교하는 상상해.
— 이하운

선생님 말씀 들으면서 질문 하나 생각하기.
— 스마일

사연자의 선택: '스마일'

선택한 이유: 집중도 되고 수업과 관련된 방법이니 공부도 잘하게 될 거 같아서.

선생님의 한마디: 선생님 자리에서 보면 누가 수업에 집중하지 못하고 딴짓하는지 다 보여요. 남에게 피해를 주는 행동이면 엄하게 지도하겠지만 사실 선생님도 어릴 때 수업에 집중하기 힘들었던 적이 있었어요. 날씨가 좋아서 창밖을 바라보거나 지우개로 장난을 치고 싶을 때도 있었죠. 수업 중에 딴짓하거나 집중하지 못하는 시간이 있을 수도 있어요. 하지만 그 시간이 너무 길어지면 다른 방법을 찾아야 해요. 수업을 놓치고 재미를 잃으면 점점 더 집중하기 어려워질 테니까요.

02 공부할 게 너무 많아서 머리가 터질 것 같아

학년이 올라가면서 공부할 게 많아져서 너무 힘들어. 학교 끝나고 학원 가서 영어랑 수학 공부하고 집에 오면 학원 숙제까지 해야 하고……. 배워야 할 건 많은데 내용은 너무 어려워서 머리가 아파. 특히 수학이 제일 어려워. 분수랑 소수는 뭐가 뭔지도 모르겠어. 어제는 학교 숙제랑 학원 숙제를 둘 다 해야 했는데 너무 피곤해서 집중도 안 되더라. 친구들이랑 밖에서 놀고 싶고 게임도 하고 운동도 하고 싶은데 왜 나만 이렇게 힘든 거 같지? 나랑 같은 고민인 사람 있을까?

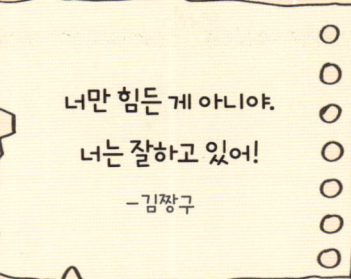

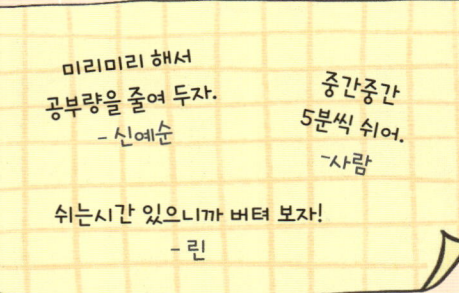

싫어하는 과목부터 먼저 하고 좋아하는 건 나중에.
— 우유

사연자의 선택: '우유'

선택한 이유: 좋아하는 공부 먼저 해 볼까 싶어서.

선생님의 한마디: 학교 수업 내용만 잘 따라가도 나머지 공부는 선택이에요. 학원 공부가 버겁다면 무리하지 않아도 돼요. 선생님도 초등학생 때 부족한 과목은 학원을 다니며 공부했어요. 부모님께 솔직하게 "조금 힘들어요."라고 말씀드리면 마음을 이해해 주시고 스트레스를 받지 않도록 도와주실 거예요.

03 발표만 하면 얼굴이 빨개지고 부끄러워

오늘 국어 시간에 발표를 해야 했는데 내 차례가 되자 심장이 쿵쾅거리고 손도 떨리고 목소리도 안 나와서 결국 제대로 못 했어. 다른 친구들은 자신 있게 발표하는데 나만 부끄럽고 속상했어. 집에서는 목소리도 크고 얘기도 잘하는데 학교에만 오면 자신감이 없어져. 부모님도 응원해 주지만 쉽지 않아. 어떻게 하면 학교에서 부끄러움을 덜고 자신감 있게 발표할 수 있을까?

발표했던 친구들을 생각하면 부끄러움이 줄어들 거야.
— 귀여미

거울 보면서 책 읽고, 부모님 앞에서도 연습해 봐.
— 김치볶음밥

친구들을 인형이라고 생각해!
— 이하운

교실에 너랑 선생님만 있다고 생각해.
— 지미

숨 크게 쉬고 침 삼켜. 혼자 말한다고 생각해!
— 방긋방긋

매일 한 번씩 발표 연습해. 언젠가 두 번도 할 수 있을 거야.
— 고양이를 좋아하는 웹툰작가 지망생

나 혼자 발표 연습 중이라고 생각해.
— 우유

발표 끝나면 사람 안 쳐다보고 즐거운 생각해.
— 민소르

사연자의 선택: '김치볶음밥'

선택한 이유: 집에 인형을 세워 두고 발표 연습을 해 보면 좋을 거 같아서.

선생님의 한마디: 선생님도 앞에서 발표하는 게 참 떨리고 부끄러울 때가 많아요. 3월 첫날에 학생들 앞에 서는 순간에도 말이죠. 선생님들은 항상 앞에서 이야기하잖아요? 그게 어떻게 보면 발표인 거예요. 그러니 매일매일 발표를 한다고 할 수 있죠. 처음 몇 번은 부끄럽고 긴장되고 떨리지만 반복해서 하다 보면 마치 밥 먹는 것처럼 자연스러워지는 순간이 온답니다.

04 학교생활은 왜 이렇게 어렵고 힘들까?

3학년이 되고 나서 학교생활이 힘들어졌어. 친했던 친구들과 다른 반이 되고 새로운 반 친구들만 있다 보니 어떻게 친해져야 할지 모르겠어. 쉬는 시간에는 혼자 책상에 앉아 있고 모둠 활동에서도 아무도 먼저 날 찾지 않아 속상해. 앞자리 친구는 내 물건을 만지고 옆자리 친구는 말을 잘 안 해. 배우는 내용도 새롭고 어려워서 모든 게 낯설고 어색해.

> 내 단짝을 만드는 거야.
> 내가 먼저 그런 친구가
> 되어야 해.
> —익명

> 익숙해지면
> 괜찮아질 거야.
> —앙타민

> 공부가 어렵다면 친구나
> 선생님께 물어봐.
> 친구 사귀기가 어렵다면
> 천천히 관찰하면서
> 맞는 친구를 찾아봐.
> —익명

> 학교생활이 어려운 이유를 생각하고
> 주변 사람들에게 해결 방법을 물어봐.
> —김민소울

> 무엇이 힘든지 선생님과 부모님께 말해 보면 해결될 수 있어.
> —골든아보카도

사연자의 선택: '김민소울'

선택한 이유: 한 가지 이유만 있는 건 아닌 거 같다. 다양한 이유를 생각해 보고 하나씩 해결해 보고 싶어서.

선생님의 한마디: 새로운 학년, 새로운 교실처럼 새로운 환경에 적응하는 건 어려운 일이에요. 선생님도 마찬가지인걸요. 학생들도 어색하고 컴퓨터도 책상도 어색하죠. 하지만 늘 그렇듯이 시간이 해결해 주잖아요. 우리가 좋았던 작년의 기억들도 결국 처음으로 돌아가면 어색한 첫날, 첫 만남의 시간이 있었어요. 곧 좋은 친구들도 만나고 선생님의 다정한 모습도 느끼게 될 거예요. 걱정하지 말아요!

05 준비물이나 숙제를 깜빡하고 못 가져왔을 때 어떻게 하지?

오늘 완전 큰일 날 뻔했어! 아침에 일어나자마자 가슴이 쿵! 하고 내려앉은 거 있지. 왜냐하면 선생님이 어제 "내일은 꼭 가족사진이랑 안내문 챙겨오세요!"라고 했는데, 완전히 잊고 있던 거야. 가족사진은 챙겼지만 안내문을 깜빡해서 학교 가는 길에 심장이 쿵쾅거리고 배도 아팠어. 다른 친구들은 다 준비물을 챙겼을 텐데 나만 없으면 어떡하지 걱정도 되고. 이런 상황에서는 어떻게 해야 할까?

준비물을 못 챙겼다면 친구에게 빌리거나 선생님께 내일 내도 되는지 물어봐.
―불고기버거

못 가져왔을 때는 친구에게 빌리거나 선생님께 말씀드리거나, 전날 밤에 챙기거나 문구점에서 사와.
―선생님 마음그래프

여분 준비물이 있는 친구에게 "이거 빌려줄 수 있어?"라고 물어봐. 걱정 덜 하고 준비물 문제를 해결할 수 있어.
―스마일

거짓말하지 말고 솔직히 "준비물을 깜빡했어요."라고 말하면 선생님이나 짝이 빌려줄 수도 있어.
―짱김치

사연자의 선택: '불고기버거'

선택한 이유: 다른 반 친구들한테도 물어보고 안 되면 선생님께 말씀드리는 방법이 가장 좋은 거 같아서.

선생님의 한마디: 선생님을 도울 가장 쉬운 방법은 준비물이나 제출물을 제때 가져오고 내는 거예요. 제때 내주는 학생이 선생님에게 큰 도움이 되거든요. 하지만 가끔 놓치는 건 괜찮아요. 누구나 실수할 때가 있으니까요.

06 선생님 마음그래프가 떨어질까 봐 눈치 보게 돼

나는 우리 반 선생님이 좋은데 가끔 기분이 안 좋아 보일 때가 있어. 주로 우리 반에서 잘못된 행동을 했을 때 그런 것 같아. 나는 선생님이 속상해하지 않으셨으면 좋겠는데 다른 친구들이 잘못할 때면 괜히 내 마음이 무겁고 조마조마해. 어떻게 하면 선생님 기분을 좋게 해 드리거나 적어도 기분 나쁘지 않게 할 수 있을까?

시간 약속을 잘 지키고, 친구들과 다정하게 지내며 수업에 집중하면 선생님이 화내지 않아.
—흰둥이

친구를 소중히 대하듯 선생님을 존중하면 기분이 좋아져.
—햄버거감튀최고

선생님께 직접 물어봐.
—윤하 남친

수업 시간에 장난치지 않고, 이상한 말 하지 않고, 쉬는 시간엔 친구들과 친하게 지내면 선생님 기분 걱정할 필요 없어.
—KIA 짱우유

수업 시간엔 조용히 하고 쉬는 시간엔 뛰지 않고 예의 있게 말하면 선생님이 화내지 않아.
—트리문어

사연자의 선택: '윤하 남친'

선택한 이유: 잘하려고 하는 거니까 직접 여쭤 보는 게 좋겠다는 생각이 들어서.

선생님의 한마디: 선생님도 속상하거나 화나는 감정을 느낄 수 있어요. 하지만 선생님의 기분이 안 좋아지더라도 우리를 사랑하는 마음은 변하지 않고 잘못된 행동을 바로잡기 위한 것이라는 점을 기억해 주세요.

07 학교 올 때 실내화를 집에 두고 왔어

오늘 아침 실내화를 깜빡하고 학교에 안 가져와서 걱정했어. 교실이 더러워져서 선생님께 혼날까 봐 마음이 힘들었거든. 지난달에도 깜빡한 적이 있어서 이런 일이 또 생기면 어떻게 해야 할지 고민이야.

알람이나 부모님 도움으로 실내화 챙기기를 기억하고, 가방 옆에 주머니를 미리 두자.
—익명

실내화를 못 가져왔으면 솔직히 말해 봐.
"선생님, 집에 두고 왔어요. 다음부터 챙길게요."
—SIU영이

수업 전에 "집에 두고 왔는데 신발 신고 해도 되나요?"라고 물어보고, 집에 돌아오면 꼭 가방에 넣고 '실내화 학교에 가져가기!'라고 써 두자.
—모롤이

또 잃어버릴 걸 대비해 여분으로 사 두는 것도 좋아.
—핌둥이

현관문 앞에 '실내화 신고 나가기'라고 크게 써 두면 잊지 않아.
—언니부기와 초밥이

사연자의 선택: '익명'

선택한 이유: 안 잊어버리고 잘 챙겨올 수 있을 것 같아서.

선생님의 한마디: 어른들도 중요한 물건을 깜빡할 때가 있어요. 우리도 여러 생각에 정신이 팔리면 실내화를 잊을 수 있죠. 하지만 중요한 물건을 계속 잊는다면 집중해서 챙기는 방법을 찾아보는 게 좋아요.

08 내가 안 좋아하는 친구랑 짝이 되었을 때, 어떻게 해야 할까?

내일 선생님이 자리를 바꾸기로 했는데 현준이랑 짝이 될까 걱정돼. 현준이는 내 물건을 허락도 없이 가져가거나 수학 문제 풀 때 내가 조용히 생각하고 있으면 갑자기 와서 "야, 이거 어떻게 푸는 거야?"라고 큰소리로 물어보거든. 급식 먹을 때도 내가 마지막에 먹으려고 아껴 둔 반찬이 있으면 "너 그거 안 먹을 거면, 나 줘!" 하고 불편하게 해. 현준이는 나랑 친하다고 생각해서 그런 걸까? 만약에 현준이랑 짝이 되면 어떡하지?

싫어하는 마음을 드러내지 말고,
친구의 장점을 떠올리며 친해져 봐.

―단발로 자른 사람

먼저 말을 걸고 가벼운 장난을 쳐 봐.
조용한 친구라면 너무 장난치지 말고,
쉬는 시간에 좋아하는 걸 물어보며
친해져.

―저돌이

싫어하는 티를 내지 않고,
친구가 좋아하는 놀이에 맞춰
같이 해 보자. 먼저 친하게
지내면 자연스럽게 좋아하게
될 거야.

―고민 제발 뽑아 주세요

친구에게 좋은 일을
해 주거나 도와주면
자연스럽게 친해질 수 있어.

―크리스마스에는

사연자의 선택: '고민 제발 뽑아 주세요'

선택한 이유: 싫어하는 티를 내면 상대방이 상처받을 수도 있을 거 같아서. 그리고 친해지다 보면 좋아할 점이 있지 않을까 싶기도 해서.

선생님의 한마디: 사람마다 성향이 달라서 처음에는 잘 맞지 않는 친구도 있을 수 있어요. 하지만 가까이 지내면서 서로를 알아가다 보면 생각보다 잘 맞는 경우가 많죠. 짝이 되어 그 친구의 몰랐던 모습을 알 기회가 생긴 걸지도요. 어쩌면 지금은 조금 낯설어도 나중에 가장 친한 친구가 될 인연일지도 몰라요.

3

공부
잘하고 싶은데 쉽지가 않네!

01 내 생각을 글로 쓰는 게 너무 어려워

요즘 국어 시간만 되면 심장이 쿵쾅거려. 특히 '나만의 글쓰기' 시간은 진짜 힘들어. 지난주에는 '우리 가족의 특별한 하루'라는 주제로 글을 써야 했는데 한 시간 동안 종이만 멍하니 쳐다봤어. 다른 친구들은 글이 술술 나오던데 나는 첫 문장부터 막혀서 겨우 한 줄만 쓰고 냈지 뭐야. 우리 반 지영이는 글도 재미있게 잘 쓰고 발표도 척척 해서 친구들과 선생님에게 칭찬도 받고 솔직히 부럽더라. 나도 머릿속엔 아이디어가 가득한데 막상 글로 옮기려면 멍해져 버려. 선생님이 "딴 생각하네?" 하고 오해할까 봐 걱정도 되고. 나도 재미있게 나만의 글쓰기를 하고 싶어!

집에서 글쓰기 연습을 해 봐. 연습하면 더 잘 쓸 수 있어.
—뚜순이

가장 기억나는 일부터 먼저 글로 써 보고, 주말에 있었던 일도 글로 적어 봐.
—토끼

예시를 참고해서 살짝 바꿔 써 보는 것도 좋아.
—멍뭉이

1. 먼저 쓸 내용을 상상해.
2. 그 상상을 글로 적어.
3. 부모님이나 선생님께 검사를 받으면서 고칠 점을 고치고 멋진 글로 만들어 봐.
이렇게 하면 해결될 거야! 파이팅!
—KIA오리

글쓰기가 어렵다면 오늘이나 어제 있었던 일을 떠올려. 사소한 일이라도 적으면 나만의 글쓰기가 쉬워져. 기억에 남는 추억이나 경험을 중심으로 글을 쓰고, 조금 신기하거나 특이한 걸 섞어도 좋아.
—혜인 머리카락

사연자의 선택: '혜인 머리카락'

선택한 이유: 어려운 글쓰기에 대해 쉽게 알려 준 거 같다. 글쓰기에 대한 부담을 덜고 편하게 쓸 수 있을 것 같다.

선생님의 한마디: 너무 잘 써야 한다는 부담감 때문에 글쓰기가 어려웠던 건 아닐까요? 그럴 때는 그냥 일기를 써 보세요. 오늘 있었던 일이나 사소한 일이라도 다 적어 보세요. 나만 겪은 이야기는 그 자체로 이미 '나만의 글쓰기'가 되는 거예요.

02 공부는 왜 이렇게 어려운 걸까?

요즘 수학이랑 영어가 골칫거리야. 어제 수학 시간에 분수를 배웠거든? 다른 친구들은 다 이해한 것처럼 고개를 끄덕이는데 나는 구름 속에 떠 있는 느낌이었어. 그래서 쉬는 시간에 용기 내서 선생님께 "저…… 아까 수학 좀 다시 설명해 주실 수 있나요?"라고 물어봤지. 선생님은 친절하게 설명해 주셨지만 머릿속은 여전히 '헷갈림 모드'였어. 영어도 마찬가지야. 외워야 할 단어가 산더미처럼 많고 왜 이렇게 외워야 하는지도 모르겠고. 조금 덜 힘들게 공부하고 싶은데 방법이 있을까?

자기랑 맞는 과목부터 시작하고, 점점 다른 과목도 차근차근 해 봐. 그러다 보면 처음보다 훨씬 쉬워질 거야.　　　-태권도

어려운 부분부터 차근차근 풀어 봐. 문제집을 사서 하나씩 해 보는 것도 좋아.
-해리캐인

모르는 문제가 있으면 선생님께 질문하고, 친구에게 도움을 요청해. 집에 가서는 복습과 예습도 해 봐.
-익명

미래를 생각하며 공부하면 더 열심히 할 수 있어.
-오리

집에서는 조금 쉬운 학습지를 반복해서 풀어 봐. 그러면 점점 공부가 쉬워질 거야.
-만그랑

사연자의 선택: '해리캐인'

선택한 이유: 진도랑 상관없이 어려웠던 부분부터 다시 차근차근 하다 보니 재밌는 거 같아서.

선생님의 한마디: 우리는 매일 계속 공부하고 있어요. 걷기, 놀이, 버스 타는 방법도 모두 공부죠. 그런데 왜 어떤 공부는 어렵게 느껴지고 어떤 건 자연스러울까요? 아마 내가 직접 경험하고 느끼지 않으면 공부가 어려워지는 것 같아요. 지금 배우는 게 내 삶과 관련이 없다고 느낄 때 공부가 힘들게 느껴지는 거죠.

59

03 수학만 보면 머리가 지끈지끈!

수학 시간에 분수를 배웠는데 분자랑 분모가 자꾸 헷갈려. 친구들은 웃으며 괜찮다고 해 주지만 나는 부끄럽고 어렵게 느껴져. 피자 4조각 중 3조각이 4분의 3이라는 것도 헷갈리고 수업 후에도 남아서 공부했지만 여전히 어려워. 선생님과 부모님은 "열심히 하면 이해가 될 거야."라고 하지만 나는 여전히 두렵고 겁나. 어떻게 하면 좋을까?

나누기가 어렵다면 곱하기부터 연습하고, 반복해서 꾸준히 연습해 봐.
—KIA

연습하고 수업을 듣고 복습을 5번씩 해 봐. 그러면 잘 될 거야.
—KT 우승가자!

제일 쉬운 것부터 차근차근 시작해.
—지민

원리부터 천천히 배우고, 어려운 문제는 어른과 함께 풀어 보고 꼭 복습해. —다이맥스

먼저 어려운 문제에 도전하지 말고, 너에게 맞는 문제부터 풀고 점점 어려운 문제로 넘어가.
—가을야구

전에 학년 수학을 잘했다면 지금 학년 수학부터 시작해.
—황희찬

서술형이 어렵다면 서술형 문제집으로, 연산이 어렵다면 기초 연산책부터 차근차근 풀고 점점 어려운 책으로 바꿔.
—춘식이

사연자의 선택: '가을야구'

선택한 이유: 쉬운 문제부터 푸니까 자신감도 생기고 좋은 거 같아서.

선생님의 한마디: 처음 배운 수학, 예를 들어 10을 두 수로 가르기와 모으기는 어렵지 않았을 거예요. 그런데 어느 순간 수학이 어려워지기 시작했죠. 아마 그때 기본 개념 중 놓친 게 있을 수 있어요. 지금 어렵다면 이전에 배운 기본을 다시 확인해 보는 게 중요해요. 모를 때는 선생님께 물어보면 돼요.

04 시험 보는 시간이 너무 떨리고 괴로워

우리 반 영지는 시험 볼 때 참 여유로워 보여. 시험 시간 40분 중 20분 만에 다 풀고 답안지도 다 작성한 뒤 남은 시간에는 독서까지 하더라고. 나는 반대로 시험 시간이 다가올수록 초조하고 시험이 시작되면 알던 것도 기억이 잘 안 나. 좋아하는 과목이어도 시험만 되면 긴장되고 어렵게 느껴져. 선생님은 "시험은 공부한 정도를 확인하는 과정일 뿐이고, 틀려도 괜찮아~"라고 하시지만 나는 틀릴 때마다 속상해서 시험이 갈수록 부담스러워. 어떻게 하면 시험을 좀 더 편하게 볼 수 있을까?

'나는 할 수 있어!'라고 계속 생각해. 공부는 틀리면서 배우는 거니까 틀려도 괜찮아.
— 스마일

먼저 국어 공부부터 해 봐. 이해력이 빨라질 거야.
— 고사리

시험 복습과 예습을 하고, 필요하면 학교에 남아 공부를 더 해 봐.
— 하윤

시험 공부를 조금씩 연습해 봐. 연습하면 실력이 늘어나 실제 시험도 잘 볼 수 있어.
— 고구마 맛있쪄

쉬운 것부터 차근차근 시작하고, 단계별로 열심히 공부하면 돼.
— 고구마스틱

사연자의 선택: '스마일'

선택한 이유: 틀려도 괜찮다는 말이 위로가 많이 되었고 자신감을 높여야 한다는 말도 와닿아서.

선생님의 한마디: 시험은 언제나 긴장되는 순간이죠. 내가 공부한 걸 평가받는 시간이니까요. 한 번 지나가면 다시 돌아오지도 않고요. 하지만 앞으로 우리는 이런 시험과 평가를 계속 만나게 될 거예요. 매번 두려움만 느낀다면 좋은 결과를 얻기 어렵겠죠. 미리 준비하고 결과에 너무 집착하지 않는다면 두려움도 조금은 줄어들 거예요.

05 글씨를 예쁘고 바르게 쓰고 싶어

나 글씨 때문에 좀 속상해. 오늘 국어 시간에 칠판에 쓰여 있는 글을 공책에 받아 적었는데 내 글씨 보니까 완전 거미가 기어 다니는 것처럼 엉성하더라고. 선생님도 친구들도 잘 못 알아보겠대. 옆자리 수진이는 글씨가 마치 인쇄한 것처럼 예쁜데 나는 왜 이렇게 못 쓰는지 속상해. 특히 받아쓰기 시험 때가 제일 걱정돼. '내가 맞게 썼는데 글씨 때문에 틀리면 어떡하지?' 하는 걱정이 들거든. 글씨 좀 예쁘게 쓰고 싶어.

글쓰기 연습 책을 사서 연습하거나, 하루에 한 시간씩 글쓰기를 해도 좋아. 파이팅!
—위즈

책에 있는 글씨를 보고 연습해 봐. 특히 'ㄹ'을 잘 써야 예쁘게 보여. 많이 연습하면 좋아져!
—우승

글씨를 잘 쓰는 친구들에게 물어보자.
—이야기호

연필은 뾰족하게 하고 처음엔 천천히 써. 점점 예쁘게 쓰게 되면 글쓰기 연습을 하고, 어려우면 글씨 책을 사서 연습해 봐. 연필은 너무 길거나 짧지 않게 잡는 게 좋아.
—아이엠 아이언맨

연필심을 조금 깎고 약간 눕혀서 써 봐. 글씨를 진하게 쓰면 더 예뻐. 잘못 쓰면 지우개로 지우고, 책상에 연필깎이를 두면 편해.
—우유

사연자의 선택: '우승'

선택한 이유: 책 글씨를 보고 연습하라는 부분이 좋아서.

선생님의 한마디: 선생님이나 부모님이 글씨를 강조하는 이유가 있어요. 글씨체는 사람에게 주는 첫인상과 비슷하거든요. 깔끔하면 꼼꼼하고 성실해 보여요. 또 예쁜 글씨로 공책을 정리하면 내 생각도 정리된 느낌이 들어 뿌듯하기도 하고요.

06 받아쓰기 연습이 어려워

받아쓰기 때문에 큰 고민이 있어서 이야기를 나누고 싶어. 나는 매주 금요일마다 있는 받아쓰기 시험이 정말 걱정이야. 열심히 공부하는데도 자꾸 틀리는 게 많아서 속상해. 특히 '발을 밟다'랑 '밭을 밟다' 같은 헷갈리는 받침이나, '햇다/했다'와 같은 것을 구분하는 게 너무 어려워. 어제는 받아쓰기 시험에서 또 실수도 했고 말야. 혹시 좋은 방법이 없을까?

집에서 큰 소리로 따라 읽으면서 연습해. 틀린 단어는 색연필로 여러 번 써 봐.
―카드마스터

단어를 쓰고 지우고 또 쓰고 지우면서 연습하면 시험에서 실수가 줄어.
―시나모향

좋아하는 노래 들으면서 연습하면 더 재미있게 할 수 있어.
―밍주닝

받아쓰기 전날 가족에게 불러 달라고 해서 테스트 받아봐.　―우리집고양이이름감자

문장 하나씩 종이에 크게 써서 집 여기저기에 붙이고 지나가며 읽어 봐.　―엔트리장인

열 문장이면 시험 전까지 하루에 한 문장씩 학교 가기 전에 연습하는 식으로 해 봐.　―후

사연자의 선택: '카드마스터'

선택한 이유: 소리 내면서 읽는 건 생각을 못 했었다. 좋은 방법인 거 같다.

선생님의 한마디: "연습은 실전처럼, 실전은 연습처럼"이라는 말 들어봤나요? 시험을 잘 보려면 연습을 시험처럼 해야 해요. 연습을 충분히 하고 시험처럼 하면 실제 시험 때 긴장도 덜하고 더 좋은 결과를 얻을 수 있어요. 물론 연습보다 결과가 안 나올 수도 있지만 받아쓰기 하나가 인생의 전부는 아니니까 걱정하지 않아도 돼요.

4

감정
내 마음을 들여다보는 시간!

01 좋아하는 마음, 싫어하는 마음이 너무 자주 바뀌어

요즘 내 마음이 하루에도 몇 번씩 바뀌는 것 같아. 어제 아침에는 축구가 재미있어서 축구부에 들어가겠다고 생각했는데 점심시간엔 도서관에서 본 과학책이 너무 재미있어 과학 실험 교실에 가고 싶어졌어. 지난주에는 피아노 학원 안 가겠다고 울었지만 이번 주에는 발표회에 나가고 싶다고 부모님께 말하고 있고. 부모님도 "정말 하고 싶은 거 맞아?"라고 물어봤어. 솔직히 나도 잘 모르겠어. 친구들과 놀 때나 급식 시간 때도 마음이 자주 바뀌고 먹고 싶은 음식도 매일 달라. 이렇게 마음이 자주 바뀌는 나를 다른 사람들이 이상하게 생각할까 봐 고민돼. 다른 사람들도 이런가?

우리 반 인기 있는 것도 매일 바뀌잖아. 마음도 자꾸 바뀌는 게 자연스러운 거니까 그냥 편하게 생각해.
　　　　　　　　　　　　　　　　　　　　　　　　　　　　　－핫도그천재

우리 반 친구들도 마찬가지야!
어제는 축구, 오늘은 농구,
그때그때 하고 싶은 걸 하면서 놀아.
　　　　　　　－무지개젤리

마음이 자주 바뀌는 건 자연스러운 일이야! 나도 매일 좋아하는 게 바뀌거든.
그냥 그날그날 하고 싶은 대로 즐기면 돼, 스트레스받지 말고.
　　　　　　　　　　　　－럭키푸딩

친구들이랑 얘기해 보면 다들 비슷해.
어제 좋아하던 게 오늘 싫어질 수도 있어.
우리 나이에는 당연한 일이야.
　　　　　－솜사탕맛도둑

일기장에 그날그날
마음을 적어 봐.
나중에 보면 재밌고,
내 마음도 더 잘 알 수 있어.
　　　　　－달고나킹

사연자의 선택: '달고나킹'
선택한 이유: 일기장에 적고 그 마음을 잊어버리면 괜찮을 거 같아서.
선생님의 한마디: 생각과 마음이 바뀌는 건 자연스러운 일이에요. 중요한 건 마음이 바뀔 때도 스스로 힘들지 않도록 행동하는 거예요. 상황에 따라 유연하게 행동하되, 너무 흔들리지 않고 원래 계획도 지킬 줄 아는 균형이 필요하답니다.

02 친구랑 다퉜는데, 속상한 마음이 자꾸 오래가

며칠 전에 제일 친한 친구 지우랑 싸웠어. 체육 시간에 피구를 하다가 지우가 던진 공에 내가 맞았거든. 나는 안 맞았다고 생각했는데 지우는 "너 맞았으니까 아웃이야!"라며 나보고 선 밖으로 나가라고 했어. 순간 지우가 억지를 부린다고 느껴서 "안 맞았다니까! 너 맨날 거짓말해!"라고 소리쳐 버렸지. 그랬더니 지우도 화가 나서 다시는 나랑 안 놀겠다더라고. 지우는 제일 친한 친구인데 이렇게 안 보니 점심시간도 심심하고 쉬는 시간도 속상해. 먼저 사과하고 싶은데 마음이 쉽게 안 풀리기도 하고 지우 마음도 걱정돼. 어떻게 해야 좋을까?

초콜릿을 주면서 미안하다고 해 보는 것도 좋아.
—나이스!

사과했는데 친구가 받아 주지 않으면, 친구 마음이 풀릴 때까지 기다리자.
—짱오리

먼저 내가 잘못한 부분이 있다면 친구에게 사과해 보자. 그래도 안 되면 선생님께 상담받아도 돼.
—고사리

친구와 싸웠다면 싸운 일만 떠올리지 말고 친구의 좋은 점을 생각해 봐. 마음이 훨씬 편해질 거야.
—펭귄

그 친구가 나에게 잘 대해 준 점을 떠올려 봐. 고마움을 느끼면 마음도 풀릴 수 있어.
—오리

내가 뭘 잘못했는지 생각하고, 편지나 말로 사과해 봐.
—서술형이 어려운 고양이

사연자의 선택: '오리'

선택한 이유: 나에게 잘 대해 준 점을 생각해 보니 참 많아서 더 미안하기도 하고 고맙기도 해서 골랐다.

선생님의 한마디: 친구와 다투면 당장은 속상하고 마음이 답답하겠지만 시간이 지나면 대부분 별일 아니게 돼요. 오래 마음에 담아 두면 나만 힘들어지니까 갈등이 있으면 서로 솔직하게 이야기하고 빨리 풀어서 남은 시간을 즐겁게 보내는 게 좋아요. 그렇게 하면 다시 좋은 관계로 돌아갈 수 있을 거예요.

03 일어나지도 않은 일을 자꾸만 걱정하게 돼

요즘 나는 작은 일에도 자꾸 걱정이 많아. 예를 들어 리코더 시험이 아직 한참 남았는데도 '실수하면 어떡하지?' 같은 생각이 떠나질 않아. 학교 대피 훈련 때도 사이렌 소리와 안내 방송을 듣고 전쟁이 나면 어쩌나 겁이 나 손발이 얼어 버렸어. 사실 지금까지 걱정했던 일 중 실제로 일어난 건 거의 없는데 자꾸 이런 생각이 떠올라서 잠도 잘 못 자. 친구들한테 이런 얘기를 하면 참 재밌는 상상이라고만 해. 하지만 난 진지하단 말이지.

일어나지 않은 일 때문에 걱정된다면, 재미있는 일을 하면서 잊어버리자!
— 민솔

앞으로 일어날 일을 너무 생각하지 마! 차분한 클래식 음악을 듣거나 좋아하는 일을 해 보자.
— 핌둥이

엄마에게 "일어나지 않은 일이 계속 걱정돼요."라고 말해 보고, 여러 가지 대답 중 마음에 드는 방법을 하나 선택해서 시도해 봐.
— 김짱구

머릿속에서 생각을 지우고, 그래도 걱정이 남으면 미리 대비해 보는 거야. 예를 들어 아플까 봐 걱정된다면 손발을 깨끗이 씻고, 평소에 좋은 생각이나 행동을 하면 걱정이 줄어들 거야.
— 알약

무서운 생각을 재미있는 상상으로 바꿔 봐. 예를 들어 '지구가 멸망한다'는 걱정을 '내가 환생해서 세상에서 가장 아름다운 사람이 된다'로 바꾸는 식!
— 환생하라 인간아

사연자의 선택: '알약'

선택한 이유: 그런 일이 안 생기게 미리 잘하는 게 좀 도움이 되었다.

선생님의 한마디: 선생님도 어릴 때 다가오지 않은 일에 대해 걱정하고 두려워한 적이 있어요. 이런 불안과 걱정은 자연스러운 일이에요. 풍부한 상상력 덕분이기도 하고 미리 상황을 생각하며 대비하려는 마음이기도 하죠. 해결되지 않는 불안은 친구나 주변의 도움을 받아보면 좋아요.

04 꿈이 자주 바뀌는 게 고민이야

나는 요즘 꿈이 자꾸 바뀌어서 고민이야. 작년에는 가수가 되고 싶었고 이번 과학 시간에 우주 이야기를 듣고 나서는 우주비행사가 되고 싶다는 생각이 들었어. 어제는 우리 강아지를 데리고 간 동물병원에서 수의사 선생님이 동물을 돌보는 모습을 보고 수의사도 멋지다고 느꼈지. 1학년 때는 소방관, 2학년 때는 요리사가 되고 싶었는데 지금은 가수, 우주비행사, 수의사까지 여러 꿈이 오락가락하고 있어. 이렇게 꿈이 자주 바뀌어도 괜찮은 걸까?

저번에 부모님이랑 직업 체험 다녀왔는데, 하고 싶은 게 좀 더 명확해졌어.
―축구하는또띠

요즘은 여러 가지 직업을 가진 사람들이 많아서, 하나만 하지 않아도 돼. 꿈이 많다는 건 오히려 좋은 거야.
―마법소녀도로롱

꼭 하나만 골라야 하는 게 아니니까, 하고 싶은 건 다 해 보자!
―happy유나

나도 과학자랑 프로게이머 둘 다 해 보고 싶어서 고민했었어. 요즘은 둘 다 조금씩 배우고 있어. 나중에 어떻게 될지는 천천히 생각하면 되잖아?
―게임왕크리퍼

매일 달라지는 꿈을 일기에 적어 보는 건 어때? 선생님이 기록의 중요성에 대해 알려 주셨는데, 나중에 도움이 된대. 적어 두고 변화를 관찰하면 재미있을 거야!
―무지개아이돌

사연자의 선택: '축구하는또띠'

선택한 이유: 체험해 보고 직업을 할지 말지 정하는 게 좋을 거 같아서.

선생님의 한마디: 선생님도 초등학교 때 여러 꿈을 가졌어요. 3학년 때는 대통령, 5학년 때는 과학자, 6학년 때는 의사를 꿈꿨지만, 지금은 선생님이자 작가가 되었죠. 어린 시절에는 이것저것 되고 싶은 게 자연스러운 일이에요. 꿈은 꼭 직업이 아니라도 내가 하고 싶은 것, 소망하는 것이 될 수 있어요. 그러니 너무 고민하지 말고, 많은 꿈을 가져 보세요. 꿈이 많다는 건 내 삶을 풍성하게 채우고 싶다는 뜻이니까요.

05 다른 성별의 친구들과 놀 때 나만 소외되는 것 같아

요즘 남자애들과는 편하게 지내는데 여자애들과 함께 체육이나 모둠 활동을 할 때 어색하고 부끄러워. 짝이 된 서연이랑도 눈도 못 마주치고 말도 잘 안 나와. 쉬는 시간이나 수업 시간에도 여자애들과 있을 때 의견 내기가 힘들어. 사실 우리 반 여자애들도 다 착하고 재미있는 애들인 건 아는데 자꾸 어색한 느낌이 들어서 어쩔 줄 모르겠어. 어떻게 하면 자연스럽게 지낼 수 있을까?

처음에는 다 그래. 나는 여자친구들이랑 노는 게 어색했는데, 체육 시간에 피구할 때 한 팀이 되고부터 지금은 맨날 같이 다니고 제일 친한 친구가 됐어.
— 호롱이

칭찬은 분위기를 부드럽게 만들어서 어색함을 줄인대. 여자친구들을 칭찬하거나 긍정적인 말을 많이 해!
— 스쿨

조급해하지 말고 시간을 두고 천천히 얘기해 봐.
— 동네책

남자친구들이랑 놀 때는 나도 처음엔 어색했는데, 같이 좋아하는 게임이나 만화 얘기를 하다 보니까 이제는 완전 친해졌어! 너도 공통 관심사를 찾아보는 건 어때?
— 꿀잼

나랑 친구들은 남녀 구분 없이 다 같이 술래잡기하면서 놀아. 다 같이 할 수 있는 놀이를 제안해 보는 건 어때? 그러다 보면 자연스럽게 친해질 수 있을 거야!
— 놀이대장뿡빵이

사연자의 선택: '꿀잼'

선택한 이유: 관심사가 아예 다르면 어쩔 수 없지만 비슷한 관심사도 있다는 걸 알고 얘기하다 보니 마음이 편해졌다.

선생님의 한마디: 남자와 여자는 생각하고 이해하는 방식이 달라서 서로 소통이 어려울 수 있어요. 하지만 다른 성별 친구들과도 편견 없이 서로를 존중하고 다름을 받아들이면 잘 지낼 수 있습니다. 중요한 건 모두가 좋은 친구라는 것을 생각해야 한다는 거예요.

06 친구에게 했던 말이 자꾸 후회돼

오늘 쉬는 시간에 우리 반 민수한테 좀 심한 말을 해 버렸어. 체육 시간에 계속 실수하길래 순간 화가 나서 "너 때문에 우리 팀이 지잖아! 다음부터 우리 팀 하지 마!"라고 말했거든. 그런데 민수가 고개를 숙이고 자기 자리로 돌아가 우울해하는 걸 보니까 갑자기 마음이 너무 아팠어. 나중에 알게 된 건데 민수는 원래 운동을 잘하는데 다리를 다쳐서 연습을 많이 못 했대. 민수의 기분이 많이 상했을 텐데 어떻게 하면 좋을까?

친구에게 했던 말을 공책에 적고,
내 기분을 확인해.
기분이 나쁘면 사과해.
— 시크릿 리미티드 에디션

친구가 그 말을 들었을 때
기분이 어땠을지 생각하고,
공감하며 진심으로 말해 봐.
— 핌둥이

후회되는 말은 다시 하지 말고,
사과가 필요하면
손편지나 말로 전해.
— 뽀료료친구 류피

어떤 점이 후회되는지
생각하고, 편지나 말로
친구에게 전해 봐.
— 하울이

사연자의 선택: '시크릿 리미티드 에디션'

선택한 이유: 이 친구가 알려 준 방법대로 따라 해 보니 속상한 것이 바로 느껴졌다. 친구 마음도 이해가 간다. 사과할 때 진심을 담아서 할 수 있었다.

선생님의 한마디: 잘못 쓴 글은 지우개로 지울 수 있지만 한 번 내뱉은 말은 다시 담을 수 없어요. 그래서 말을 할 땐 늘 조심해야 하고 누군가에게 상처가 되는 말을 했다면 그 상처가 깊어지기 전에 진심으로 사과해야 해요. 선생님도 사실 누군가에게 상처를 준 적이 있어요. 상처가 될 줄 몰라서 한 말도 있었고 순간 감정이 앞서서 해 버린 말도 있었죠. 하지만 그때마다 진심으로 미안하다고 말했고 다행히 그 마음을 전한 사람들이 용서해 주었어요. 용기 내서 먼저 마음을 전해 보세요. 진심은 꼭 전해지니까요.

5

삶
일상 속에서도 고민은 계속돼!

01 물건을 잃어버렸어. 부모님께 혼날까 봐 걱정돼

어제 새로 산 필통을 잃어버렸어. 엄마가 생일 선물로 사 준, 내가 꼭 갖고 싶던 캐릭터 필통이었거든. 아침까진 분명 있었는데 집에 오니까 없었어. 학교랑 학원도 다 찾아봤지만 못 찾았어. 얼마 전에도 물건을 잃어버려서 혼났는데, 또 잃어버렸다고 하면 엄마가 실망하실까 봐 걱정돼. 어떻게 해야 할까?

"엄마, 저 실수했는데 한 번만 봐 주세요."
라고 말해.
-고사리

엄마께 혼날 걱정하지 말고, 혼나더라도 아빠가 있으니 괜찮아.
-스마일

학교에서 잃어버리면 분실물함을 확인하고, 없으면 솔직하게 부모님께 말하고 다시 사면 돼.
-우유

다닌 곳을 돌아보면서 물건을 찾아보고, 없으면 다시 사자.
- 김모쏠

혼나더라도 깔끔하게 끝내고 넘어가자.
-100점을 향해

물건을 잃어버렸다면 솔직하게 말하고 찾아보자.
- 지민

잃어버린 물건의 마지막 위치를 생각하고 찾아보고, 없다면 진심으로 사과하자.
-민규

사연자의 선택: '민규'

선택한 이유: 솔직하게 말하는 것밖에는 방법이 없어 보였다.

선생님의 한마디: 일단 찾을 수 있는 곳은 모두 찾아보고 그래도 못 찾겠다면 부모님께 솔직히 말씀드리세요. 혼날까 봐 걱정되겠지만 부모님은 여러분을 누구보다 사랑하시니까 결국 이해해 주실 거예요. 잃어버린 걸 반성하고 물건을 더 소중히 다루겠다는 마음을 전한다면 괜찮을 거예요.

02 옷에 뭐가 묻었을 때, 티 안 나게 대처하는 방법은?

오늘 점심에 카레밥이 나왔어. 근데 내가 제일 아끼는 옷에 카레를 흘려 버렸어. 노란 얼룩이 크게 생겼는데 급한 마음에 화장실에 가서 물로 닦았더니 오히려 더 번지더라. 게다가 그 옷은 지난주에 산 새 옷이라 더 속상했어. 깨끗하게 입고 싶었는데 얼룩이 남을까 봐 걱정돼. 혹시 옷에 뭐 묻어서 당황한 적 있어? 이럴 땐 어떻게 하면 좋을까?

얼룩 생기면 치약 살짝 발라 두면 지워져. 초콜릿은 휴지로 닦고 물티슈로 마무리!
―춤추는 유니콘

물티슈 항상 들고 다녀. 급식 국물 튀어도 바로 닦으면 돼.
―쌉인싸람

카레는 세탁, 사인펜은 손 소독제로 닦으면 돼.
―장충동왕족

물감 묻으면 화장실 가서 비누로 문지르면 지워져. 카레도 비슷!
―색연필요정

작은 스프레이에 물 담아 얼룩 생기면 뿌리고 휴지로 닦아 봐.
―배우자교실

얼룩 작으면 집에 가서 빨래하거나 도움받으면 돼.
―홍홍

사연자의 선택: '무지개법'

선택한 이유: 평소에 스프레이통을 갖고 다니다가 혹시라도 묻는다면 바로 뿌려서 지워야겠다는 생각이 들었다.

선생님의 한마디: 묻은 게 뭐냐에 따라 방법이 다 달라요. 음식이 묻었는지, 펜 자국인지, 흙인지 먼저 생각해 봐야 해요. 그다음엔 가까운 어른들께 "이거 어떻게 지워요?" 하고 물어보면 돼요. 괜히 혼날까 봐 걱정하지 말고요. 살다 보면 옷에 뭐 묻을 수도 있잖아요. 오히려 옷이 내 몸에 튈 걸 막아 준 걸 수도 있으니까요. 너무 속상해하지 말고, 천천히 뭐가 묻은 건지부터 확인해 봐요. 방법만 잘 찾으면 금방 깨끗해질 거예요!

03 더 똑똑하고 지혜로운 사람이 되고 싶어

수업 시간에 친구들이 손 들고 척척 발표하는 걸 보면 부러워. 나도 그렇게 해 보고 싶은데 막상 자신이 없어. 특히 수학 시간엔 더 그래. 다른 애들은 금방 답을 찾는데 난 혼자 끙끙대다가 결국 포기할 때가 많아. 어제는 도서관에서 과학책을 읽다가 울 뻔했어. 어려운 말이 너무 많아서 도무지 이해가 안 되는 거야. 그런데 옆에서 민준이는 술술 읽고 다 아는 것처럼 보이더라. 나도 나름 열심히 하고 있어. 아침 일찍 일어나서 공부하고 수업 시간에도 집중하려고 노력하는데……. 어떻게 하면 나도 좀 더 똑똑해질 수 있을까?

> 공부 목표를 작게 세우고 달성할 때마다 휴식이나 놀기로 보상하면 공부가 재밌어져.
> — 르세라핌

> 너무 무리하지 말고, 하루 11시간 자고 7시간 공부, 6시간 쉬어야 건강도 지킬 수 있어.
> — 산타할아버지 안 믿어

> 책을 많이 읽고 교과서를 잘 봐.
> — 가

> 갈등은 부모님께 물어보고, 공부는 선생님께 모르는 걸 계속 물어봐. 복습과 예습, 잘하는 친구에게 팁을 물어보면 좋아.
> — 고사리

> 학교나 학원 필기하고, 모르면 집에서 EBS 강의로 확인. 갈등은 똑똑하게 해결하는 친구를 관찰하고 따라해 봐.
> — 지미니

사연자의 선택: '지미니'

선택한 이유: EBS 강의를 보는 것도 좋은 거 같고, 잘 해결하는 친구의 모습을 관찰하면서 배운다는 점이 와닿았다.

선생님의 한마디: '똑똑하다'는 건 아는 게 많다는 뜻만 있는 건 아니에요. 모르는 걸 자신 있게 물어보고 어려운 상황에서도 두려워하지 않고 해결하려는 친구도 똑똑한 거예요. 지식뿐 아니라 용기와 태도도 똑똑함의 일부예요. 그러니까 여러분도 충분히 똑똑해질 수 있어요!

04 매일 밤 무서운 꿈만 자꾸 꿔서 잠이 오지 않아

어젯밤에도 또 무서운 꿈을 꿨어. 꿈에서 이상한 괴물이 나를 계속 쫓아오는데 달려도 달려도 다리가 말을 안 들어서 더 무서웠어. 한밤중에 깜짝 놀라 깬 다음 이불 속에서 한참을 떨었어. 지난주에는 시험 보는 꿈을 꿨는데 시험지는 다 빈칸이고 시간은 쏜살같이 지나가는데 나만 아무것도 못 쓰고 식은땀이 났어. 깜짝 놀라 일어나 보니 새벽 3시더라. 무서운 꿈을 꾸면 혼자 화장실도 못 가고, 물 마시러 가고 싶어도 무서워서 참았다가 아침에 가. 이런 얘기를 친구들한테 하면 놀릴까 봐 말도 못 했어. 나만 이런 적 있는 걸까?

그럼 자기 전에 네가 좋아하는 것을 해! 왜냐면 잠들기 전에 마음을 편하게 해야 하거든. 그리고 잠을 잘 때 인형을 안고 자거나 엄마 아빠를 안고 자서 편안하게 만드는 게 좋아!

—핌둥이

무서운 꿈에 대한 꿀팁! 첫째, 무서운 꿈을 꾸면 이게 다 꿈이라고 생각하며 일어난다. 둘째, 무서운 꿈을 꾸면 부모님이랑 같이 잔다! 셋째, 무서운 꿈을 꾸면 부모님한테 말한다!

—무서운

나도 무서운 꿈 자주 꿔서 무슨 느낌인지 알아! 그러니 하루에 좋은 일 한 개는 만들어야 해. 좋은 꿈 꾸길♥

—12/29 선생님 물건 나눔

먼저 무서운 꿈을 꿨다면 어른에게 "저 계속 무서운 꿈을 꾸는데 어떡해요?"라고 물어봐. 그럼 어른들이 도움을 줄 거야. 아니면 너만의 애착 인형을 만들어 보고 그걸 너의 동생처럼 챙겨 줘.

—품태권도 짱

잠자기 전에 개그 동영상을 보거나 인터넷에서 귀신이 싫어하는 행위를 검색하고 해 보세요.

—크리퍼

사연자의 선택: '핌둥이'
선택한 이유: 자기 전에 마음을 편안하게 해 줄 것들을 찾는 게 도움이 되었다.
선생님의 한마디: 선생님도 초등학교 때 무서운 책을 보고 밤마다 유령이 나올까 걱정했어요. 이불을 꽁꽁 싸매고 잤지만, 꿈에는 유령이 나타났죠. 나중에 생각해 보니, 꿈은 내가 두려워하고 많이 생각하는 것을 보여 주는 거예요. 혹시 여러분도 걱정 때문에 무서운 꿈을 꾸는 건 아닐까요?

05 같이 놀 친구가 없어서 외로워

요즘 학교에 가면 혼자 있는 시간이 많아. 쉬는 시간마다 친구들은 삼삼오오 모여 노는데 나는 어느 무리에도 끼지 못해. 체육 시간 짝 활동 때가 제일 무서워. 다들 먼저 짝을 정해 놓고 나는 항상 마지막까지 남아 선생님이 정해 주길 기다리거든. 3학년 올라오면서 반 친구들이 많이 바뀌었어. 작년까지 친했던 민지랑 서준이는 다른 반으로 가 버렸고 새로운 친구들은 이미 친해 보여서 말을 걸기 어렵더라. 급식 시간에도 혼자 앉아서 밥은 먹는 둥 마는 둥 하고 빨리 교실로 올라가. 혼자 있으면 주변 시선이 부담돼.

먼저 친구에게 다가가
"나도 같이 놀자!"라고 말해 봐.
—자주적인 교실

친구가 좋아하는 것을
알아내고, 그 활동을
같이 해 봐.
—핑봉

혼자 있는
친구를 찾아
같이 놀아 보자.
—가을

취향이 맞는 친구를 찾아보고,
친구 만들기 어렵다면 혼자 할 수 있는 활동을 해 봐.
—학교가기싫은 해결사

한 달 정도 지켜본 후 친해지고 싶은 친구에게
"친구 할래?"라고 물어봐.   —흰둥이

사연자의 선택: '핑봉'

선택한 이유: 어떤 친구랑 친해지고 싶고 친구로 지내고 싶은지부터 찾는 게 먼저라는 생각이 들었다.

선생님의 한마디: 새 학년이라 아직 친해질 친구를 못 찾은 거라면 먼저 다가가는 게 필요해요. 기다리기만 하면 아무도 말을 걸지 않을 수 있으니까요. 작은 도움을 먼저 주면서 다정함을 보여 주면, 비슷한 친구들이 자연스럽게 대화를 시작할 수 있어요. 선생님 칭찬도 덤이고, 누군가를 돕는 것만으로도 기분이 좋아지니까 해 볼 만하죠!

06 부모님이 내 취미활동을 무시해

난 그림 그리는 걸 정말 좋아해. 특히 웹툰! 유튜브도 보고 연습도 열심히 하고 있어. 내 꿈이 웹툰 작가라서 매일 그리고 있는데 얼마 전에 엄마가 내 공책을 보고는 "웹툰 그리는 건 시간 낭비야!"라고 하고, 아빠도 "공부에 방해되니까 그만하는 게 좋겠다."고 했어. 나는 학원 숙제도 잘 하고, 그림 그리는 시간도 따로 정해서 하고 있는데 부모님은 그림보다는 공부를 더 원하는 것 같아. 이렇게 좋아하는 걸 부모님이 못하게 할 때 어떻게 해야 할까?

> 부모님 마음도 이해해. 그림과 공부 둘 다 해낸다는 걸 보여 줘.
> —팥빙수

> 좋아하는 활동에서 성과를 보여 주면 부모님 생각이 달라질 수도 있지.
> —태권도수상자

> 웹툰 작가의 현실과 성공 사례를 보여 드리는 건 어때?
> —네이버클로버

> 말로 어렵다면 편지로 진심을 전해 봐, 그럼 부모님 마음이 열릴 수도 있어.
> —유진스

> 그림을 좋아하는 마음과 꿈, 공부도 열심히 한다는 걸 부모님께 솔직하게 전해 봐.
> —호박고구마

사연자의 선택: '유진스'

선택한 이유: 말보다 글로 전하는 게 더 마음에 와닿을 거 같아서.

선생님의 한마디: 부모님이 간섭하거나 잔소리할 때 속상할 수 있어요. 하지만 부모님은 우리를 가장 걱정하고 사랑하시기 때문에 말씀하시는 거예요. 차분하게 "걱정하지 않으셔도 돼요."라고 말하고, 책임감 있게 행동하는 모습을 보여 주세요. 화내거나 싸우면 더 어려워질 수 있으니, 내 노력과 취미를 보여 드리면 이해해 주실 거예요.

07 왜 학교를 다녀야 하는 걸까?

요즘 자꾸 "학교는 왜 가야 하지?"라는 생각이 들어. 그리고 창밖을 날아다니는 새들이 부러워. 자유롭게 하고 싶은 걸 하면서 살 수 있잖아. 매일 같은 시간에 일어나서 같은 책상에 앉아 같은 공부를 해야 하니까 답답하기도 하고. 그런데 방학 때는 심심해서 학교에 가고 싶기도 해. 그러니까 내가 학교 가는 걸 완전히 싫어하는 건 아닌 것 같아. 하지만 막상 학교에 다니다 보면 또 방학이 그리워지기도 하고. 그럼 학교는 왜 다녀야 하는 걸까?

학교에서는 국어, 수학, 사회, 과학 같은 여러 과목을 배우면서 사회에 나갔을 때 조금 더 편하게 지낼 수 있어. 그리고 학교는 나의 첫 사회생활이기도 해. 많은 친구들과 공부하고 같이 다니면서 친구를 사귀고 갈등을 해결하는 법도 배우거든.
―화이트크리스마스 기회

학교에서는 공부도 하고, 인성도 배우고, 사이좋게 지내는 법도 배워. 모르는 게 있으면 선생님께 물어보면서 배우려고 학교에 오는 거야.
―고민 뽑아 주세요

학교에서는 친구들과 친해지고, 갈등이 생기면 어떻게 해결하는지도 배워. 차근차근 사회생활을 배우는 곳이기도 하고.
―크리스마스

학교는 우리가 나중에 어른이 되어 사회생활을 잘할 수 있도록 준비하는 곳이야! ―민규
우리나라는 학교에 다니는 게 의무야. 법으로 정해진 거지. 모두 너의 미래를 위해서 있는 거야. 화이팅!
―배려하는 우리

학교에서는 도덕, 인성, 배려, 협동 같은 중요한 것도 배우고, 친구들과 어울리고, 밥도 먹을 수 있어.
―밥을 먹는 사람

사연자의 선택: '화이트크리스마스 기회'

선택한 이유: 왜 학교에 다녀야 하는지 이런저런 이유를 알려 줘서 조금은 이해가 되었다.

선생님의 한마디: 학교에 다니는 이유가 뭘까요? 지식을 배우고 친구도 사귀며, 안전한 공간에서 규칙을 배우고 나중에 사회생활을 미리 경험할 수 있기 때문이죠. 무엇보다 학교에서만 할 수 있는 즐거운 추억을 만들 수 있다는 게 큰 장점이에요. 힘든 날도 있겠지만 시간이 지나면 모두 즐거운 기억이 된다는 걸 믿고 학교에서 좋았던 순간들을 떠올려 보세요.

08 학원 다니는 게 너무너무 싫어!

요즘 학원 때문에 너무 힘들어. 학교 끝나고 영어, 수학, 피아노 학원을 다니는데 솔직히 너무 지쳐서 못 견디겠어. 특히 수학 학원이 제일 힘든데 거기 가면 머리도 아프고 공부하기도 싫고 어제는 문제를 하나도 못 풀어서 울 뻔했어. 사실 학원 가는 시간에 축구도 하고 친구들이랑 놀고 싶은데 아빠는 "지금 고생해야 나중에 편하다."고 말해. 난 지금도 행복하고 싶은데 학원은 왜 다녀야 하고 다니기 싫은 학원은 어떻게 해야 할까?

학원 대신 독서실에서 책 읽거나 공부해도 돼. 학교 공부를 편하게 하려고 다니는 거야!
—우리

부모님이 학원에 보내는 건 너를 위해서야. 공부를 잘해야 꿈을 이룰 수 있으니까.
—고민잘써주는 사람

나도 가기 싫어.
—INTP

부모님과 상의해서 학원 다닐지 정해 봐. 화이팅!
—사람이에요

학원은 학교에서 배운 것을 예습, 복습하는 곳이야. 부모님은 너를 걱정하셔서 학원을 보내는 걸 거야. 그리고 나는 이런 고민을 하는 네가 너무 부러워! 힘들다면 부모님께 공손하게 말해 봐!
—자주적인 교실

"학원은 왜 다녀야 하나요?"라고 물어보고 가족회의 해 보기. —하울의 움직이는 크리스마스

힘들다고만 생각하지 말고, 부모님께 감사하며 노력하면 나도 뿌듯하고 부모님도 기뻐하실 거야. —오싹소름

사연자의 선택: '자주적인 교실'

선택한 이유: 부럽다는 사람은 처음이라 신기했다. 읽다 보니 부모님께 감사해서 골랐다.

선생님의 한마디: 요즘은 부모님이 시켜서 학원에 다니는 친구들이 많아요. 재미있어서 다니거나 친구 때문에 하는 경우도 있지만 억지로 다니는 건 고민이 될 수 있죠. 하기 싫은 이유를 먼저 생각하고 부모님께 왜 학원을 다녀야 하는지 물어보세요. 이해가 안 되면 솔직하게 마음을 전하면 돼요.

09 내 방과 내 물건, 정리 정돈을 잘하고 싶어

내 책상 서랍이랑 가방을 보면 난감할 때가 많아. 마치 토네이도가 지나간 것처럼 연필, 지우개 찾느라 매일 몇 분씩 허비해. 어제는 숙제 프린트를 못 찾아서 선생님께 혼났어. 가방은 더 심각해. 체육복, 교과서, 책이 뒤섞여서 수업마다 꺼내는 게 전쟁이야. 심지어 급식 먹다 남은 요구르트를 넣어 두고 깜빡해 책과 공책을 더럽힌 적도 있어. 정리하고 싶은 마음은 있는데 어디에 뭘 둬야 할지 몰라 결국 다 침대 밑으로 밀어 넣곤 해. 엄마가 보면 혼날 거야. 나만 이런 거 아닐 텐데 정리를 잘하려면 어떻게 해야 할까?

> 먹는 건 가방에 넣지 말고 자리에서 처리해. —민지S

> 연필은 연필통에 모으고, 집에 오면 가방 바로 정리해. 익숙해지면 할만해. —코코

> 정리 힘들면 조금씩 나눠서 해. 끝나면 좋아하는 거 해. —호준이

> 숙제는 파일에, 책가방 안은 큰 칸, 작은 칸 나눠서 넣을 것들 위치를 정해 두면 깔끔해져. —하늘하늘

> 침대 밑 물건 꺼내서 필요한 것과 버릴 것을 나눈 다음 정리해. —이소유리

사연자의 선택: '하늘하늘'

선택한 이유: 크기나 종류별로 나눈다면 더 효율적이고 정리를 잘할 수 있을 것 같아서 골랐다.

선생님의 한마디: 잘 정리된 방은 마음을 편하게 해 주고 필요한 물건이 어디 있는지 알면 걱정도 줄고 시간도 절약할 수 있어요. 교실에서 바닥에 굴러다니는 연필이나 지우개를 본 적 있죠? 그 학용품들의 주인들은 물건을 못 찾고 새로 사게 되잖아요. 이미 가진 물건을 잘 관리하면 돈도 아끼고 다른 좋은 일에 쓸 수 있어요. 정리는 내 물건에 이름을 쓰고 비슷한 용도의 것끼리 모으는 것부터 시작하면 쉽고 효과적이에요.

10 집에 혼자 있을 때, 시간이 남거나 심심할 때 뭘 해야 할지 모르겠어!

요즘 집에 있으면 진짜 심심해. 학교 끝나고 집에 오거나 주말에 시간이 남으면 뭘 해야 할지 모르겠어. TV도 보고 싶은 게 없고 휴대폰 게임도 부모님이 못하게 하고. 며칠 전엔 심심해서 동생 장난감 가지고 놀았다가 혼나기도 했어. 방에 들어와서 침대에 누워 천장만 보면서 한숨만 쉬었어. 친구들은 다 학원 가느라 바쁘고 레고도 다 만들어 보고 그림 그리기도 금방 질리고 책도 재미있는 걸 못 찾겠어. 집에서 심심하지 않게 시간을 보내려면 뭐 하면 좋을까?

취미활동, 그림, 춤, 방 정리 등 혼자 즐길 수 있는 일 해 보기. 파이팅!
— 김진

평소에 시간이 없어서 못 했던 것들을 해! 아니면 공부를 미리 해 두면 나중에 여유로울걸?
— 오징어맛 떡볶이

친구랑 놀거나 밖에 나가서 쉬기, 학원숙제 하기.
— 감기걸린

컬러링북을 색칠하거나, 학습지, 문제집을 풀어 보는 건? 휴대폰만 보면 눈이 나빠질 수 있어.
— ESFJ

숙제 있으면 하고, 없으면 친구와 놀거나 혼자 재밌는 방법 찾아보기.
— 해린아 내 동료가 돼라!

친구에게 전화해서 놀기, 유튜브·게임·보드게임 즐기기.
— 4학년이 빨리 안 되면 좋겠다

혼자 상황극, 방 청소, 책상 정리, 친구와 약속 잡기
— I am gominza

사연자의 선택: '해린아 내 동료가 돼라!'

선택한 이유: 나와 같은 고민을 가진 친구들에게 도움이 될 것 같았다.

선생님의 한마디: 심심함을 느끼는 건 뭘 해야 할지 모르거나 반복되는 평화로운 일상이 계속돼서래요. 사실 지금은 감사한 상태일 수도 있어요. 평화롭다는 뜻이니까요. 심심하다고 해서 나쁜 감정은 아니에요. 오히려 자신을 돌아보거나 주변을 자세히 살펴볼 기회가 될 수도 있거든요. 만약 뭘 해야 할지 모르겠다면 하고 싶은 일을 아무거나 적어 보면서 시작해 보는 것도 좋아요.

글 김건

초등학교에서 아이들과 함께 성장하는 교사입니다. 현재는 배려하는 우리, 자주적인 교실을 줄인 '배우자교실'이라는 이름으로 활동하며, 인성 교육, 독서, 글쓰기 지도 등 다양한 분야의 교육 활동을 실천하고 있습니다. 경제금융교육연구회와 경기도독서교육연구회 활동을 통해 배움의 폭을 넓혔으며, 2021 대한민국 경제교육대상 장려상을 받았습니다. 지은 책으로는 《와글와글 초등경제교육》, 《학교가 즐거운 아이로 키우기》(공저) 등이 있습니다.

그림 구희

글을 쓰고 그림을 그리는 창작자이자, 낙서쟁이입니다. 포근한 그림으로 사람들을 기분 좋게 해 주고 싶습니다. 쓰고 그린 책으로는 《독립하지 않아도 괜찮을까?》, 《기후위기인간》이 있고, 그린 책으로는 《하리하라의 과학 배틀》, 《열두 달 지구하자》 등이 있습니다.

인스타그램 @climate.human

나와 똑같은 고민을 가진 친구들의 진짜 마음속 이야기

어린이 고민 상담소

1판 1쇄 인쇄 2025년 12월 5일 | 1판 1쇄 발행 2025년 12월 15일
글 김 건 | 그림 구희
펴낸이 김봉기 | **출판총괄** 임형준 | **편집** 안진숙 | **편집진행** 정아민 | **디자인** 뉴디 | **마케팅** 선민영, 임정재, 조혜연
펴낸곳 FIKA JUNIOR(피카주니어) | **주소** 서울시 강남구 테헤란로26길 14(역삼동, 위워크빌딩) 5층 102호
전화 02-3476-6656 | **팩스** 02-6203-0551 | **홈페이지** https://fikabook.io | **이메일** junior@fikabook.io
등록 2020년 9월 28일 (제 2020-000281호)

ISBN 979-11-92869-44-5 (73190)

- 책값은 뒤표지에 있습니다. • 파본은 구입하신 서점에서 교환해 드립니다.
- 이 책은 저작권법에 의하여 보호를 받는 저작물이므로 무단 전재와 복제를 금합니다.
- 제조국 대한민국 | 사용연령 4세 이상 • 주의사항 종이에 손이 베이거나 다치지 않도록 주의하세요.

피카 출판사는 독자 여러분의 아이디어와 원고 투고를 기다리고 있습니다.
책으로 펴내고 싶은 아이디어나 원고가 있으신 분은 이메일 junior@fikabook.io 로 보내주세요.